RIC

БИЗНЕС XXI ВЕКА

THE BUSINESS OF THE 21ST CENTURY

ROBERT T. KIYOSAKI WITH JOHN FLEMING AND KIM KIYOSAKI

РОБЕРТ КИЙОСАКИ

ДЖОН ФЛЕМИНГ, КИМ КИЙОСАКИ

ПОПУРРИ

Минск

УДК 658
ББК 65.29
К38

Серия основана в 2005 году

Перевод с английского выполнил *С. Э. Борич* по изданию:
THE BUSINESS OF THE 21ST CENTURY by Robert T. Kiyosaki
with John Fleming and Kim Kiyosaki, 2010.

Кийосаки, Р., Флеминг, Дж., Кийосаки, К.
К38 Бизнес XXI века / Р. Кийосаки, Дж. Флеминг, К. Кийосаки ; пер. с англ. С. Э. Борич. — Минск : Попурри, 2013. — 192 с. : ил. — (Серия «Богатый Папа»).

ISBN 978-985-15-1769-1.

Описывается новая модель бизнеса, которая, по мнению авторов, является наиболее многообещающей для большинства людей в плане обеспечения контроля над своими финансами, будущим и судьбой. Объясняется, почему предпочтительно иметь собственный бизнес и какой именно. При этом указывается, что важно менять не только тип бизнеса, которым вы, возможно, уже занимаетесь, но и самого себя.

Для широкого круга читателей.

УДК 658
ББК 65.29

Научно-популярное издание

Серия «Богатый Папа»

КИЙОСАКИ Роберт, ФЛЕМИНГ Джон, КИЙОСАКИ Ким

БИЗНЕС XXI ВЕКА

Перевод с английского — *С. Э. Борич*
Оформление обложки — *М. В. Драко*
Подписано в печать 25.08.2012.
Формат 60 × 90 1/16. Бумага офсетная. Печать офсетная.
Усл. печ. л. 12,00. Уч.-изд. л. 6,34. Тираж 5100 экз. Заказ 2864.
Санитарно-эпидемиологическое заключение
№ 77.99.39.953. Д.002684.02.10 от 18.02.2010 г.

ООО «Попурри». Лицензия № 02330/0548529 от 03.02.2009 г.
Республика Беларусь, 220113, г. Минск, ул. Мележа, 5, корп. 2, к. 403.

При участии ООО «Харвест». Лицензия № 02330/0494377 от 16.03.09.
Республика Беларусь, 220013, г. Минск, ул. Кульман, д. 1, корп. 3, эт. 4, к. 42.

Республиканское унитарное предприятие
«Издательство „Белорусский Дом печати“».
ЛП № 02330/0494179 от 03.04.2009.
Республика Беларусь, 220013, г. Минск, пр. Независимости, 79.

ISBN 978-985-15-1769-1 (рус.)

Посвящение

Я посвящаю эту книгу миллионам людей, оказавшимся на жизненном распутье, — тем, кого затронул нынешний экономический кризис и кто ощущает беспомощность в плане обеспечения своего финансового будущего. Хочу вас заверить, что нынешний период — лучшее время для того, чтобы взять управление собственной жизнью в свои руки, даже если вам так совсем не кажется. Я всю жизнь учу людей тому, как добиться финансовой независимости, и знаю, что эта книга, как и вся серия «Богатый Папа», даст вам необходимые знания, которые позволят создать и сохранить богатство на долгие годы. Поняв, как работают деньги и какие деловые возможности открываются перед вами в XXI веке, вы сможете строить свою жизнь по собственному усмотрению.

Посвящение

Я посвящаю эту книгу миллионам людей, оказавшимся на жизненном распутье, — тем, кого затронули недавние экономические кризисы, и кто сейчас с беспокойством и опасением думает о финансовом будущем. Хочу вас заверить, что нынешний период — лучшее время для того, чтобы взять управление собственной жизнью в свои руки, если вам так больше не хочется. Я всю жизнь учу людей тому, как добиться финансовой независимости, и надеюсь, что эта книга, как и вся серия «Богатый папа», даст вам необходимые знания, которые позволят добиться и сохранить финансовую свободу. Поняв, как работают деньги и какие деловые возможности открываются перед вами в XXI веке, вы сможете строить свою жизнь по собственному сценарию.

Слова благодарности

Я благодарен своей жене Ким за постоянную любовь и поддержку, а также коллективу компании «Rich Dad», который помог мне донести свои мысли о финансовом образовании до миллионов людей во всем мире.

Мне хотелось бы выразить признательность Джону Флемингу за бесценную информацию о сетевом маркетинге, а также Стюарту Джонсону, Риду Билбрею и коллективу издательства «VideoPlus» за помощь в создании этой книги.

Наконец, я должен поблагодарить Джона Дэвида Мэнна и Дж. М. Эммерта за те усилия и энтузиазм, которые они вложили в этот проект.

Введение

Экономику сотрясают конвульсии, и ваше рабочее место находится под угрозой… (если оно у вас еще есть, конечно). А ведь я предупреждал об этом на протяжении всех последних лет.

Чтобы меня услышать, большинству понадобился глобальный финансовый кризис. Но моя книга не о том, почему все полетело к чертям, а о том, что даже плохие новости могут оказаться хорошими, если вы знаете, что надо предпринять.

Бизнесу меня учили два человека: мой отец, который был очень образованным человеком и высокопоставленным правительственным чиновником, и отец моего лучшего друга, который бросил школу после восьмого класса и своими силами пробился в миллионеры. Мой папа всю жизнь испытывал финансовые проблемы и умер, не накопив за всю свою долгую трудовую жизнь никаких богатств, а папа друга стал одним из самых богатых людей на Гавайях.

Я называю этих людей бедным папой и богатым папой. Я любил своего отца, восхищался им и поэтому дал себе клятву, что постараюсь помочь как можно большему числу людей избежать страданий, унижений и неудач, выпавших на его долю.

Покинув родительский дом, я прожил жизнь, полную самых разных событий. Я служил в Корпусе морской пехоты и воевал в качестве пилота вертолета во Вьетнаме. По возвращении домой я работал в компании «Xerox», где поначалу был самым никудышным продавцом, а спустя четыре года уволился, будучи уже одним из лучших. После ухода из «Xerox» я основал несколько международных компаний, приносивших многомиллионные доходы, и смог отойти от дел в возрасте 47 лет, чтобы заняться своим любимым делом — обучать людей накапливать богатство и жить той жизнью, о которой они мечтают, а не прозябать в нищете и отчаянии.

В 1997 году я изложил свой опыт в небольшой книжке «Богатый папа, бедный папа», которая, видимо, затронула душу некоторых читателей, потому что довольно быстро вошла в список бестселлеров «New York Times» и оставалась там более четырех лет. Она даже заслужила звание лучшей книги о бизнесе всех времен.

С тех пор я написал много книг, объединенных общей серией «Богатый Папа», и, хотя каждая из них посвящена какой-то конкретной теме, общим для них является то послание, которое я пытался донести до читателя уже в первой книге. Оно проходит красной нитью и через эту книгу:

Возьмите на себя ответственность за свои финансы. В противном случае вы всю жизнь будете выполнять чужие приказы. Запомните: либо вы командуете деньгами, либо становитесь их рабом. Выбор за вами.

Моя жизнь сложилась очень удачно, так как я встретил хороших наставников, которые указали мне путь к подлинному богатству. В результате у меня теперь нет никакой необходимости работать. До того как отойти от дел, я работал, чтобы обеспечить будущее для своей семьи. Теперь же я работаю над тем, чтобы помочь в этом *вам*.

Последние 10 лет я посвятил поискам самых эффективных и практичных способов создания подлинного богатства в условиях XXI века. В книгах из серии «Богатый Папа» мы с партнерами описываем различные типы и формы предпринимательства и инвестирования. В ходе этой работы я обнаружил одну модель бизнеса, которая, на мой взгляд, является наиболее многообещающей для большинства людей в плане обеспечения контроля над своими финансами, будущим и судьбой.

Необходимо добавить, что, говоря о *подлинном* богатстве, я имею в виду не только деньги. Деньги — это далеко не все. Подлинное богатство должно быть в первую очередь внутри человека, а не вокруг него.

В данной книге я хочу объяснить, почему вам нужен собственный бизнес и какой именно. При этом важно менять не только тип бизнеса, которым вы, возможно, уже занимаетесь, но и самого себя. Я покажу вам, что необходимо для развития идеального бизнеса, но чтобы этот бизнес развивался и рос, должны развиваться и вы сами.

Добро пожаловать в бизнес XXI века!

ЧАСТЬ I

Возьмите свое будущее под контроль

Почему вам необходим собственный бизнес

Глава 1

ПРАВИЛА ИЗМЕНИЛИСЬ

Мы живем в неспокойное время. Последние несколько лет мы все чаще наблюдаем признаки страха и паники и в газетных заголовках, и в правлениях крупнейших компаний, и в беседах обычных людей. Глобализация, вывод производства в третьи страны, массовые сокращения, изъятие жилья за неуплату, субстандартная ипотека, невозврат кредитов, финансовые пирамиды, фиаско на Уолл-стрит, рецессия — плохие новости следуют одна за другой.

В начале 2009 года увольнения в американских компаниях вышли на отметку четверть миллиона человек в месяц. В конце 2009 года, когда я пишу эти строки, уровень безработицы составляет 10,2 процента и продолжает расти.

Еще хуже положение с неполной занятостью (когда рабочее место за вами вроде бы сохраняется, но продолжительность рабочего времени и зарплата сокращаются). Падение количества рабочих мест приобрело размах эпидемии, от которой ни у кого нет иммунитета. В группу риска входят все: от руководителей высшего и среднего звена до рабочих, от банкиров до простых клерков.

Даже в отрасли, производящей товары медицинского назначения, где рабочие места до недавнего времени считались самыми надежными, происходит масштабное сокращение рабочей силы.

Осенью 2008 года многие обнаружили, что стоимость их пенсионных накоплений уменьшилась наполовину или даже больше. Рынок недвижимости рухнул. То, что раньше люди *считали* надежными активами, обратилось в дым. Такое понятие, как надежность рабочих мест, безвозвратно ушло в прошлое. Опрос, проведенный в 2009 году газетой «USA Today», показал, что 60 процентов американцев считают сложившуюся экономическую ситуацию величайшим кризисом в своей жизни.

Опрос, проведенный в 2009 году газетой «USA Today», показал, что 60 процентов американцев считают сложившуюся экономическую ситуацию величайшим кризисом в своей жизни.

Конечно, вам все это известно, однако вы, возможно, не догадываетесь, что *это вовсе не новости*. Потребовался глобальный экономический кризис, чтобы люди проснулись и осознали, что их существование находится под угрозой. Но ведь угроза вашим доходам возникла не вчера — она существовала *всегда*.

Большинство населения США многие годы находилось на тонкой грани между платежеспособностью и финансовым крахом, надеясь только на то, что следующая зарплата позволит покрыть все месячные расходы, и располагая при этом лишь очень тонкой страховочной сеткой в виде незначительных накоплений, а то и вовсе не имея ее. Зарплата представляет собой выручку от продажи своего труда, но во время рецессии это *самый ненадежный* источник дохода из всех, какие только можно себе представить. Почему? Потому что в период массовых сокращений уже некому будет продавать свое рабочее время и свой труд.

А ведь я предупреждал

Не хочу прослыть всезнающим пророком, но *я уже давно предупреждал о такой опасности*.

На протяжении многих лет я говорил, что надежных и стабильных рабочих мест больше не существует. Корпоративная Америка сегодня похожа на динозавра из XX века, находящегося на грани вымирания, и единственный способ обеспечить себе по-настоящему надежное будущее заключается в том, чтобы взять его под свой контроль.

Вот что я писал в 2001 году в книге «Школа бизнеса»:

На мой взгляд, Соединенным Штатам и многим другим странам Запада грозит финансовая катастрофа, вызванная неспособностью системы образования давать учащимся адекватные и соответствующие реальности финансовые знания.

В том же году в одном из интервью я сказал:

Если вы полагаете, будто вам помогут взаимные инвестиционные фонды, если вы хотите доверить свою судьбу скачкам фондового рынка, то ставите на кон свою жизнь в пенсионном возрасте. Что произойдет, если после периода подъема биржа вдруг рухнет, когда вам будет 85 лет? Вы будете не в состоянии контролировать ситуацию. Я не утверждаю, что инвестиционные фонды — это плохо. Я просто говорю, что они недостаточно надежны и компетентны, и я не стал бы ставить свое финансовое будущее в зависимость от них.

Еще никогда в мировой истории так много людей не доверяли свою жизнь в старости фондовому рынку. Это безумие. Неужели вы считаете, что о вас позаботятся государственные социальные программы? Это то же самое, что верить в пасхального кролика.

В марте 2005 года в интервью я говорил:

Самое большое достоинство бумажных активов заключается в их ликвидности, но это же является и их самым большим недостатком.

Все мы знаем, что нас ожидает очередной биржевой крах и что наши сбережения снова исчезнут. Зачем же так поступать?

И что же произошло на самом деле? Биржевой крах, после которого многие распрощались со своими деньгами. Почему? Потому что избавиться от старых привычек и образа мышления очень трудно.

В 1971 году американская экономика отказалась от золотого обеспечения своих денег. Кстати, это произошло без одобрения конгресса, но главное, что такой шаг все-таки был сделан. Почему это так важно? Потому что в результате США получили возможность свободно печатать все больше и больше денег — столько, сколько захотят, — и их количество уже не было привязано к настоящим, реальным ценностям.

Этот отход от реальности расчистил путь для крупнейшего экономического бума в истории. На протяжении трех с половиной десятилетий происходил взрывной рост американского среднего класса. По мере того как обесценивался доллар, обычные люди все чаще становились миллионерами.

Кредиты стали доступны всем, в любое время и в любом месте, а количество кредитных карточек росло, словно грибы после дождя. Чтобы расплатиться по займам, американцы стали закладывать свои дома, используя их как некое подобие банкоматов. Они рефинансировали задолженности и снова брали в кредит. Брали в долг и снова рефинансировали.

Что же тут плохого? Ведь недвижимость постоянно растет в цене, правда же?

Нет, неправда. В 2007 году мы накачали в воздушный шар экономики больше горячего воздуха, чем он мог вместить, и наши фантазии рухнули на землю. Крах постиг не только «Lehman Brothers» и «Bear Stearns». Миллионы людей потеряли свои пенсионные накопления и рабочие места.

Количество людей, которые, согласно официальным данным, живут ниже черты бедности, стремительно возрастает. Точно так же растет и число тех, кто вынужден продолжать работать по достижении возраста 65 лет.

В 50-е годы, когда «General Motors» была самой мощной компанией в Америке, пресса подхватила высказывание ее главы и сделала его лозунгом, который определял настроения публики на протяжении многих десятилетий: «Как чувствует себя GM, так чувствует себя и вся страна». Как ни печально, но это соответствует действительности, потому что в 2009 году GM вплотную подошла к банкротству, и тем же летом Калифорния начала оплачивать свои счета не деньгами, а долговыми расписками.

В настоящее время количество американцев, которым приходится расставаться со своим жильем за неуплату по ипотеке, достигло самого высокого уровня в истории. Средний класс неуклонно тает. Сберегательные депозиты в большинстве семей становятся все меньше, если они вообще еще существуют, а семейная задолженность продолжает расти. Количество людей, которые, согласно официальным данным, живут ниже черты бедности, стремительно возрастает.

Точно так же растет и число тех, кто вынужден продолжать работать по достижении возраста 65 лет. Количество банкротств бьет все рекорды, а размеры пенсионных накоплений у большинства американцев даже близко не дотягивают до уровня, обеспечивающего нормальную жизнь в старости.

Разумеется, вы не единственный, кто обратил внимание на все эти плохие новости. Очень многие американцы отреагировали на этот звонок будильника. Наконец-то люди проснулись и заметили, что дела обстоят далеко не самым радужным образом. Теперь посмотрим более пристально, что все это означает для нас в действительности и что можно предпринять в этой ситуации.

Новый век

В детстве родители вдалбливали мне в голову формулу успеха, о которой вам, скорее всего, тоже доводилось слышать: «Ходи в школу, хорошо учись, получай хорошие оценки, чтобы найти надежную и высокооплачиваемую работу со всевозможными привилегиями и льготами, а дальше о тебе позаботится работодатель».

Но это образ мышления индустриальной эры, а мы из нее уже вышли. Ни работодатель, ни правительство не будут о вас заботиться. *Никто* не несет за вас ответственности. Наступил новый век, и правила игры изменились.

Мои родители верили в надежные рабочие места, пенсии за счет компаний, государственные программы социального обеспечения и медицинского обслуживания. Все это оказалось устаревшими идеями, доставшимися нам в наследство от прошлой эпохи. Представление о надежности рабочих мест теперь может вызвать только улыбку, а идея пожизненной работы в одной компании, которую в свои лучшие годы проповедовала IBM, стала таким же анахронизмом, как механическая пишущая машинка.

Многие считали вложение денег в накопительную пенсионную программу 401(k) абсолютно надежным делом. Ведь за ней стояли голубые фишки и инвестиционные фонды. Что же с ними может случиться? Как показала жизнь, случиться может всё. Эти священные коровы вдруг перестали давать молоко, потому что стоявшие за ними концепции пенсионного обеспечения, занятости и экономии, отражавшие стиль мышления индустриальной эры, безнадежно устарели.

Мы вступили в информационную эру, которая требует соответствующего образа мышления.

К счастью, люди начинают прислушиваться и учиться. Жаль, конечно, что процесс усвоения знаний является столь болезненным, но уж лучше так, чем вообще никак. Каждый раз, когда мы переживаем крупный кризис: крах интернет-компаний, экономические последствия теракта 11 сентября, финансовую панику 2008 года, рецессию 2009 года, — все больше людей понимают, что старые страховочные сетки уже никого не могут спасти.

Корпоративный миф развенчан. Вы когда-нибудь пробовали, карабкаясь по карьерной лестнице, остановиться и посмотреть, какой вид с нее открывается? Если да, то вы могли убедиться, что с нее виден только зад ползущего впереди. Это и есть ваша карьерная цель. Если вы хотите наблюдать эту картину на протяжении всей своей оставшейся жизни, то данная книга не для вас. Если же вам надоела такая перспектива, продолжайте читать дальше.

Не позволяйте вновь себя одурачить

В период, когда я пишу эти строки, безработица продолжает расти. Кто знает, что произойдет к тому времени, когда книга попадет в ваши руки? Возможно, ситуация изменится, но не попадитесь на эту удочку в очередной раз. Если безработица пойдет на убыль, цены на недвижимость возрастут и кредитная политика вновь смягчится (а это неизбежно), не позволяйте себе вновь поддаться убаюкивающему ложному ощущению надежности и безопасности, которое уже послужило причиной хаоса, охватившего весь мир, в том числе и вас.

Летом 2008 года цены на бензин подскочили до 4 долларов за галлон. Продажи внедорожных автомобилей резко пошли на убыль, все вдруг пересели на малолитражные машины с гибридными двигателями. Но посмотрите, что произошло потом. В 2009 году цена на бензин вновь опустилась ниже 2 долларов, и люди опять начали покупать внедорожники!

Что с вами?! Вы что, *всерьез* полагаете, будто цены на горючее и впредь останутся такими же низкими и что теперь можно позволить себе покупать огромные автомобили? Неужели людям свойственна такая недальновидность (я стараюсь держаться в рамках приличия: первоначально в рукописи было употреблено слово «тупость»)?

К сожалению, на этот вопрос можно ответить только утвердительно. Нас обманывали уже не раз, но мы вновь и вновь позволяем себя дурачить. Всем с детства известна басня о стрекозе и муравье, но, несмотря на это, подавляющее большинство продолжает жить, руководствуясь мышлением стрекозы.

Не отклоняйтесь от своей основной цели. Вы будете постоянно слышать идиотские высказывания, отвлекающие ваше внимание от серьезного бизнеса и построения обеспеченной жизни, но это всего лишь пустой треп. Ни терроризм, ни рецессия, ни скандалы в ходе очередной избирательной кампании не имеют ничего общего с тем, что вам уже сегодня необходимо делать для построения своего будущего.

Во времена Великой депрессии некоторые люди сколотили себе громадные состояния. В последовавший за этим период колоссального бума (80-е годы), в ходе которого цены на недвижимость взмыли к небесам, появились многие миллионы людей, которые абсолютно не беспокоились о своем будущем и игнорировали все, чем я хочу поделиться с вами в этой книге. Как результат, они потерпели крах и скатились к нужде. Многие из них до сих пор борются за выживание.

И дело тут не в экономике, а в *вас самих*.

Вас раздражает коррупция в корпоративном мире? Вас бесит Уолл-стрит и банки, которые довели ситуацию до такого состояния? Вы недовольны правительством, которое либо ничего не делает, либо допускает слишком много ошибок? А может быть, стоит разозлиться на себя за то, что вы сами вовремя не взяли ситуацию под контроль?

Жизнь — нелегкая штука, но вопрос лишь в том, что вы намерены с ней делать. Стоны и вопли не обеспечат вам будущего. Не помогут и обвинения в адрес Уолл-стрит, крупных банков, корпоративной верхушки и правительства.

Если вы хотите с уверенностью смотреть в будущее, вам надо самим его построить. Вы сможете взять на себя ответственность за свою дальнейшую жизнь лишь в том случае, если научитесь контролировать *источники дохода*. А для этого вам нужен собственный бизнес.

Глава 2

ЛУЧ СОЛНЦА ИЗ-ЗА ТУЧ

Тринадцатого июля 2009 года журнал «Time» поместил на второй странице номера статью под заголовком «10 вопросов к Роберту Кийосаки». Один из заданных мне вопросов звучал так: «Существуют ли в нынешней турбулентной экономической ситуации хоть какие-то возможности для создания новых фирм?»

«Шутить изволите?» — подумал я, прочитав его. Мой ответ звучал так:

Это самое лучшее время. Именно в сложных экономических условиях и появляются настоящие предприниматели. Им, в общем-то, безразлично, находится рынок на подъеме или на спаде. Они создают лучшие продукты и внедряют лучшие производственные процессы. Поэтому, если вы от кого-то слышите, что «возможностей становится все меньше», знайте, что имеете дело с неудачником.

Все вы слышали массу негативной информации о состоянии экономики. А готовы ли вы услышать нечто позитивное?

Я скажу вам то же, что и журналу «Time»: «Рецессия — лучшее время для создания собственного бизнеса». Когда темпы роста экономики замедляются, предпринимательский дух разгорается, словно набитая дровами печка в холодную зимнюю ночь.

Вопрос: что общего между компаниями «Microsoft» и «Disney», кроме того, что обе они добиваются колоссальных успехов и их доходы исчисляются миллиардами долларов?

Ответ: обе были основаны в период рецессии.

И в самом деле, больше половины корпораций, входящих в промышленный индекс Доу-Джонса, начинали свою деятельность в самый разгар рецессий.

Почему? Все очень просто: под влиянием экономической нестабильности *люди начинают проявлять творческий подход.* Они выходят из своей зоны комфорта и предпринимают какие-то инициативы, чтобы свести концы с концами. Именно так проявляется старый добрый американский предпринимательский дух в его лучшем виде.

Необходимо понимать, что в тяжелые времена рынок открыт для новых возможностей. Пять лет назад, когда стоимость жилья била все рекорды, а кредит мог получить любой человек, никто ни в чем не испытывал недостатка. Люди были сыты, чувствовали себя в безопасности, и лишь немногие занимались поисками альтернативных источников дохода. Наемные работники ничуть не тревожились по поводу финансовой стабильности своих предприятий и не боялись получить по почте уведомление об увольнении.

Сегодня же, когда идут массовые увольнения и всех интересует собственное будущее, миллионы людей начинают трезво оценивать свое финансовое положение и осознавать, что рассчитывать на обеспеченное будущее они могут только при наличии запасного плана. Люди настроены зарабатывать дополнительные деньги больше, чем когда-либо, поэтому смелее вступают на неизведанные прежде пути.

На самом деле это явление наблюдалось еще до нынешнего спада в экономике. Уже в 80-е годы и особенно в XXI веке у людей начало формироваться стремление управлять своим экономическим будущим. В 2007 году в отчете «Труд, предпринимательство и возможности в Америке XXI века»

Торговая палата США отмечала: «Миллионы американцев отдают предпочтение предпринимательству, открывая собственные малые фирмы».

---

72 процента взрослых американцев склонны скорее работать на себя, чем на других, а 67 процентов регулярно или постоянно думают об увольнении с работы.

Я не экономист, но хорошо знаком с одним из них — Полом Зейном Пилзером.

Пол — вундеркинд. В свое время он был самым молодым вице-президентом «Citibank» и ушел из банковской сферы ради открытия собственного дела, чтобы зарабатывать миллионы. Он написал несколько вошедших в перечень бестселлеров «New York Times» книг, в которых предсказывал кризис в кредитной сфере задолго до его наступления. Кроме того, он был экономическим советником у двух президентов. К его мнению есть смысл прислушаться.

Пол утверждает, что в системе культурных ценностей при подходе к карьере произошел поворот на 180 градусов. Прежняя структура отношений между работодателями и наемными работниками уступает место предпринимательскому духу.

«Во второй половине XX века, — говорит Пол, — традиционно считалось, что необходимо получить хорошее образование и устроиться на работу в крупную компанию. Мысль об открытии собственного дела в большинстве случаев рассматривалась как рискованная. Пусть и привлекательная, но все же рискованная... и чуть-чуть сумасшедшая. Сегодня всё наоборот».

Пол прав. В уже упомянутом отчете Торговой палаты США делается ссылка на проведенный Институтом Гэллапа опрос, в ходе которого было установлено, что 72 процента взрослых американцев склонны скорее работать на себя, чем на других, а 67 процентов регулярно или постоянно думают об увольнении с работы.

Людей стало интересовать не только то, как *заработать* на жизнь, но и *качество* самой жизни. Им хочется самим управлять своей судьбой, больше времени проводить с семьей, распоряжаться своим временем и работать на дому. Результаты исследования показали, что 84 процента опрошенных относились бы к работе с большим энтузиазмом, если бы у них был собственный бизнес. В качестве причин чаще всего указывалось желание работать на себя.

Таким образом, мы видим, что прямой карьерный путь, на котором наемным работникам XX века сулили долгую, счастливую и насыщенную трудовую жизнь, все больше искривляется прямо у нас на глазах.

Мифология наемного труда

У большинства из нас настолько промыты мозги, что мы считаем работу на чужого человека нормальным. Однако в историческом плане это отнюдь не норма. На самом деле наемный труд является достаточно поздним феноменом.

В аграрную эру большинство людей были предпринимателями. Это были работавшие на королевских землях крестьяне — ведь они не были наемными работниками и не получали от короля зарплату, а наоборот, платили правителю дань за право пользоваться его землей, то есть зарабатывали себе на жизнь фактически как мелкие предприниматели. Это были мясники, пекари и различные ремесленники, передававшие свое дело по наследству детям, что впоследствии отразилось в таких широко распространенных фамилиях, обозначавших принадлежность к той или иной профессии, как Смит, Бейкер, Фармер, Тейлор, Купер и т. п.

С наступлением индустриальной эры ситуация изменилась, и у общества возникла потребность в наемных работниках. Поэтому правительство поставило перед собой цель обучить население. За основу в большинстве западных стран была взята прусская система образования, которая с некоторыми вариациями используется и по сей день.

Вы когда-нибудь задумывались над тем, почему для выхода на пенсию определен возраст 65 лет? Я назову вам автора этой идеи. Это Отто фон Бисмарк, который был канцлером Пруссии в 1889 году. Вообще-то план Бисмарка предусматривал 70-летний возраст, но разница в данном случае несущественная. Обещая пожилым подданным гарантированную пенсию по достижении старости, правительство Бисмарка практически ничем не рисковало. В то время средняя продолжительность жизни в Пруссии составляла около 45 лет. Сегодня, когда возрат многих американцев переваливает за 80 и даже 90 лет, подобное обещание может разорить федеральное правительство уже в следующем поколении.

Анализируя философию, лежащую в основе прусской системы образования, можно понять, что целью обучения являлась подготовка солдат и наемных работников, которые должны лишь выполнять приказы и распоряжения. Это была идеальная система для организации массового производства.

В 60-е и 70-е годы некоторые американские компании, в частности IBM, установили золотой стандарт занятости, предусматривавший гарантированную пожизненную работу на одного работодателя. Однако уже после 1985 года эта концепция стала сходить на нет и больше не возродилась.

«Как чувствует себя GM, так чувствует себя и страна...»

Прошло полвека, и, как видим, дела у GM идут неважно. Значит ли это, что Америка обречена? Нет, обречен лишь миф о корпоративной надежности и пенсионных накопительных планах, рассчитанных на 40 лет.

Предпринимательская лихорадка

Я не говорю, что наемный труд — это плохо. Я только утверждаю, что это всего лишь один из способов создания дохода, причем весьма ограниченный. В настоящее время данный факт начинает осознавать все большее число людей. Все начинают понимать, что единственный путь к желаемой цели лежит через предпринимательство.

Кстати, я не единственный, кто это замечает. Возможно, вам не доводилось слышать о Мухаммаде Юнусе, авторе книги «Банкир для бедных», но зато о нем услышал Нобелевский комитет в Осло. В 2006 году ему была присуждена Нобелевская премия мира за концепцию микрокредитования в развивающихся странах. «Все люди предприниматели, — говорит Юнус, — но у многих просто нет возможности проявить себя».

Предпринимательская лихорадка набирает обороты, поскольку, когда темпы роста экономики замедляются, активность владельцев бизнеса возрастает. Более того, предпринимательство в такие периоды процветает.

Он говорил об этом еще до начала экономического кризиса 2007—2008 годов, и по мере ухудшения финансового положения все больше людей начинали прислушиваться к словам Юнуса и искать возможности последовать его советам.

Предпринимательская лихорадка набирает обороты, поскольку, когда темпы роста экономики замедляются, активность владельцев бизнеса возрастает. Более того, предпринимательство в такие периоды *процветает*. В нестабильные времена мы ищем другие источники дохода. Если мы знаем, что на работодателя никакой надежды нет, то нам не остается ничего другого, кроме как полагаться на собственные силы. Мы начинаем задумываться о том, что пора выбираться из своей зоны комфорта и проявлять творческий подход.

Исследование, проведенное Федеральной резервной системой США, показало, что стоимость имущества в семьях предпринимателей в среднем в пять раз выше, чем в семьях наемных работников. Это значит, что предприниматели более безболезненно переживут тяжелые времена и даже выйдут из них еще сильнее, чем прежде, потому что они *создали свою собственную сильную экономику.*

Недавно был проведен опрос общественного мнения, согласно которому большинство американских избирателей рассматривают предпринимательство как ключевое средство решения экономических проблем в условиях нынешнего кризиса. «История неоднократно демонстрировала, что вновь создаваемые компании и фирмы способны оживить больную экономику», — подчеркнул руководитель исследовательского коллектива.

И это не шутки.

Возможно, то самое «большинство американских избирателей», которое верит в предпринимательство, и в самом деле поднимется с дивана и реально начнет что-то *делать*. Я этого не исключаю, хотя и не готов дать голову на отсечение. Однако в настоящий момент меня больше волнует то, как нынешнее состояние экономики сказалось *на вас*.

Нередко бывает так, что, когда для большинства в экономике наступают трудные времена, появляется группа предпринимателей с открытым разумом, которые способны понять, о чем я хочу рассказать вам в последующих главах. Для них этот период отмечен богатым экономическим потенциалом. Лучшего времени для начала своего бизнеса, чем прямо сейчас, сегодня, вы не найдете.

Остается решить только два вопроса.

Готовы ли вы проявить настойчивость?

Если ваш ответ «да», тогда вопрос номер два: что для этого надо делать?

Я не могу ответить за вас на первый вопрос, но зато я *точно* знаю, как ответить на второй. Об этом и пойдет речь в книге.

Глава 3

ГДЕ ВЫ НАХОДИТЕСЬ?

Итак, вы усердно трудились на протяжении многих лет, взбираясь по карьерной лестнице. Независимо от того, где вы сейчас находитесь: в самом ее начале или почти на вершине, — важен только один вопрос, который стоит себе задать, прежде чем продолжить путь: на что опирается эта лестница?

По словам Стивена Кови, совершенно неважно, насколько быстро вы взбираетесь по лестнице, если она прислонена не к той стене.

В данной главе я ставлю перед собой задачу заставить вас на минутку остановиться и посмотреть, куда ведет лестница, а если ее направление вас не устраивает, то определитесь с тем, куда вам хотелось бы двигаться.

Как вы зарабатываете деньги?

Большинство людей считают, что их финансовое состояние определяется количеством зарабатываемых денег и стоимостью имущества. Несомненно, в таком подходе есть определенный смысл. Журнал «Forbes» считает человека богатым, если его доход превышает миллион долларов в год (то есть 83 333 доллара в месяц или около 20 тысяч в неделю). Соответственно, бедным считается тот, чей заработок не превышает 25 тысяч в год.

Но *качество* заработанных денег намного важнее их количества. Другими словами, значение имеет не только то, каков размер вашего дохода, но и то, каким образом и из каких источников он получен. Существует *четыре различных источника* денежных потоков. Каждый из них отличается от других и, независимо от абсолютной величины, является определяющим фактором образа жизни.

После выхода в свет книги «Богатый папа, бедный папа» я написал еще одну, в которой объяснял отличия этих четырех миров друг от друга. Многие утверждают, что «Квадрант денежного потока» — самая важная из всех книг, автором которых я являюсь, потому что она раскрывает самую суть проблемы, которая волнует людей, готовых к кардинальным переменам в жизни.

Квадрант денежного потока отражает различные способы создания дохода. Например, наемный работник продает свой труд частному предпринимателю или компании. Работающий сам на себя трудится самостоятельно — либо в одиночку, либо путем создания малого предприятия. Владелец крупного бизнеса создает компанию, в которой трудится свыше 500 человек, зарабатывающих для него деньги. Инвестор получает доход, вкладывая средства в различные активы. Другими словами, его деньги сами делают деньги.

Р — лица, работающие по найму

С — лица, работающие сами на себя, и владельцы мелкого бизнеса

Б — представители крупного бизнеса (более 500 работников)

И — инвесторы

В каком квадранте вы находитесь? Откуда вы получаете основную долю своих доходов?

Квадрант Р

Подавляющее большинство населения учится, живет, любит и покидает этот мир, не выходя за рамки квадранта Р. К жизни в нем нас с самой колыбели готовят наша система образования и культура.

Основная философия обитателей этого квадранта заключается в словах, которые говорил мне в детстве мой отец: «Ходи в школу, хорошо учись, получай хорошие оценки, чтобы получить надежную и высокооплачиваемую работу со всевозможными льготами в крупной компании».

Квадрант С

В стремлении к большей свободе и самоопределению многие люди переходят из квадранта Р в квадрант С. Это то место, где люди работают на свой страх и риск в надежде осуществить американскую мечту.

Квадрант С дает самые разнообразные возможности получения дохода. К его обитателям можно отнести как ребенка, торгующего лимонадом на празднике, или подростка, стригущего газоны и выполняющего другую садовую работу за плату, так и высокооплачиваемого адвоката, консультанта или частнопрактикующего врача.

Однако, независимо от того, сколько вы зарабатываете — 8 долларов в час или 80 тысяч в год, — квадрант С представляет собой тупиковый вариант развития. Переходя в него, вы мечтали избавиться от начальника, но на деле лишь поменяли его. Вы по-прежнему наемный работник, и единственное отличие состоит в том, что теперь босс — вы сами и вам некого обвинять во всех проблемах, кроме самого себя.

Квадрант С не самое уютное место обитания. Каждый норовит вас обобрать. Правительство душит вас налогами, поэтому вы должны тратить не менее одного дня в неделю, чтобы свести концы с концами финансовой документации. Ваши сотрудники тоже норовят отщипнуть свою долю, равно как и клиенты. Семья выражает недовольство, потому что вам приходится работать все дни напролет. Вы практически не можете позволить себе взять выходной или отпуск, потому что в этом случае бизнес останавливается и перестает приносить доход.

Все это весьма напоминает рабство. Вы себе не принадлежите. Вами командует ваш собственный бизнес.

Квадрант Б

В этом квадранте люди заняты созданием крупного бизнеса. Разница между С и Б заключается в том, что в первом случае вам приходится работать на бизнес, а во втором бизнес работает на вас.

У меня есть несколько компаний в квадранте Б, в том числе занимающихся промышленным производством, недвижимостью, добычей полезных ископаемых и т. д.

Тем, кто живет и работает в квадранте Б, рецессия не грозит, потому что все источники доходов они держат под своим контролем.

Квадрант И

Здесь необязательно быть семи пядей во лбу. Богатый папа учил меня жизни в квадранте И на примере «Монополии». Все просто: получил четыре зеленых домика — обменял на красный отель. Еще четыре домика — еще один отель.

Смена работы не означает смену квадранта

Теперь позвольте объяснить, почему так важно разбираться в этих квадрантах. Сколько раз вам приходилось слышать, как кто-то жалуется на свою работу и мечтает о переменах в жизни? Заканчивается все это, как правило, тем, что через несколько лет вы слышите от него все те же жалобы, но уже по поводу другой работы:

Я работаю все больше и больше, а продвижения никакого нет.

Каждый раз прибавку к зарплате съедают налоги и рост цен.

Лучше я бы занялся [вставьте любую профессию], но в таком возрасте не могу позволить себе вновь приниматься за учебу и осваивать новое дело.

От этой работы меня уже тошнит! Шеф вечно придирается! Просто жить не хочется!

Эти и другие подобные высказывания свидетельствуют о том, что человек находится в ловушке. Причем он застрял не на каком-то конкретном рабочем месте, а в своем квадранте. Дело в том, что в большинстве случаев, когда человек чувствует необходимость жизненных перемен, он меняет место работы. А менять надо квадрант.

Покончив с работой по найму и создав собственный источник доходов, вы оказываетесь в более выгодной позиции, которая позволяет пережить экономический кризис, так как вы не зависите уже ни от начальника, ни от состояния экономики. Теперь вы сами определяете размер своего годового дохода.

Левая сторона рисунка (квадранты Р и С) — это то место, где обитает большинство людей. Нас так учили, нас к этому готовили. Нам говорили: «Хорошо учись, чтобы получить хорошую работу». Но в квадранте Б ваши оценки не имеют никакого значения. Банкир не будет спрашивать у вас аттестат. Ему нужен только ваш финансовый отчет.

Покончив с работой по найму и создав собственный источник доходов, вы оказываетесь в более выгодной позиции, которая позволяет пережить экономический кризис, так как вы не зависите уже ни от начальника, ни от состояния экономики. Теперь вы сами определяете размер своего годового дохода.

По меньшей мере, 80 процентов населения живет и работает в левой стороне рисунка. Именно там, особенно в квадранте Р, как нас все время учили, нас ждут безопасность и надежность. А с противоположной стороны, в квадрантах Б и И находится царство свободы. Если вам больше нравится эта сторона, все в ваших силах. Если же вы предпочитаете относительную надежность и спокойствие, то эта книга не для вас. Решение за вами.

В каком квадранте вы сейчас находитесь?

А в каком хотите находиться?

Глава 4

ВАШИ ОСНОВНЫЕ ФИНАНСОВЫЕ ПРИНЦИПЫ

Четыре квадранта — это не просто различные структуры бизнеса. Это, скорее, различные образы мышления. То, какой из них вы выберете для получения основного дохода, зависит не столько от внешних обстоятельств (образования, подготовки, состояния экономики и имеющихся возможностей), сколько от того, что вы собой на самом деле представляете, то есть от сильных и слабых сторон вашей личности и доминирующих интересов.

Многое зависит от ваших *финансовых принципов.* Именно они определяют, какие секторы вас привлекают, а какие отталкивают.

Это важно понять, потому что переход из квадрантов Р или С в Б далеко не так прост, как смена адреса. Ведь вы меняете не просто образ своих действий, а свою *сущность* или, по крайней мере, *образ мышления.*

Одним нравится работа по найму, другие ненавидят такой вид занятости. Кому-то нравится владеть компанией, но не нравится управлять ею. Кто-то любит инвестировать, а кому-то такого рода деятельность кажется слишком рискованной. В каждом из нас в той или иной степени содержатся все эти качества. Необходимо также хорошо осознавать, что в каждом из этих квадрантов можно быть как богатым, так и бедным. Одни способны заработать миллионы в любом секторе, другие же могут запросто разориться.

Само по себе пребывание в том или ином квадранте вовсе не гарантирует финансового успеха.

Определить, к какому сектору принадлежит человек, можно, прислушавшись к его словам. Когда мне было девять лет, я часто присутствовал на беседах богатого папы с людьми, которые приходили устраиваться к нему на работу. Тогда я впервые понял, что по словам можно определить сущность человека.

Вот несколько ключевых фраз, свойственных представителям разных квадрантов:

Ценности квадранта Р

«Я ищу надежную постоянную работу с хорошей зарплатой и пакетом социальных льгот».

Для представителей квадранта Р главным принципом является надежность.

Даже высокооплачиваемому вице-президенту компании в глубине души свойственны те же основные ценности, что и дворнику, который зарабатывает в 10 раз меньше. Человек, работающий в секторе Р, независимо от должности, зачастую допускает следующие выражения: «Я ищу надежную постоянную работу с хорошей зарплатой и пакетом социальных льгот», «Сколько платят за сверхурочную работу?» или «Какова продолжительность оплачиваемого отпуска?»

Когда я беседую с представителем квадранта Р и начинаю рассказывать ему о том, как мне нравится заниматься бизнесом, то часто слышу в ответ: «Но это же так рискованно!» Мы видим мир по-разному: каждый — через призму своих ценностей. То, что радует меня, других пугает. Поэтому, находясь в компании людей из сектора Р, я предпочитаю говорить о погоде, спорте и телепередачах.

Ценности квадранта С

«Если хочешь, чтобы все было сделано как следует, сделай это сам».

Для представителей квадранта С главным принципом является *независимость.* Им нравится делать то, что они хотят. Когда кто-то говорит: «Я хочу уволиться и работать самостоятельно», — он выбирает путь из сектора Р в сектор С.

Обитателями этого квадранта являются владельцы малого бизнеса, специалисты и консультанты. Например, у меня есть знакомый, который устанавливает домашние кинотеатры, сложные аудиосистемы и сигнализацию в богатых домах. У него есть небольшой штат работников, состоящий из трех человек, и он счастлив, что может командовать хотя бы тремя, хотя при этом и сам трудится в поте лица. Представителями данного квадранта являются и те, кто работает за комиссионные, например брокеры по недвижимости и страховые агенты. Сюда же относятся такие специалисты, как врачи, адвокаты и бухгалтеры, работающие самостоятельно, а не в составе крупных медицинских, правовых и финансовых учреждений.

Люди, работающие в секторе С, как правило, гордятся результатами своего труда (физического или умственного). От них нередко можно услышать: «Никто не сможет этого сделать так, как я», «У меня это получается особенно хорошо». Однако за фасадом независимости в них скрывается недостаток уверенности в подходе к бизнесу, да и к жизни в целом. Ведь наше отношение к бизнесу зачастую отражается буквально на всём.

Представители квадранта С обычно работают за комиссионные или на условиях почасовой оплаты. От них часто можно услышать следующие слова: «Мои комиссионные составляют 6 процентов от общей стоимости сделки», «Я беру 100 долларов за час» или «Вы оплачиваете мне все расходы плюс 10 процентов».

Каждый раз, видя, что человек из сектора Р или С испытывает трудности при переходе в сектор Б, я понимаю, что имею дело со специалистом, обладающим большими техническими знаниями и умениями, но ничего не смыслящим в вопросах лидерства. Богатый папа часто говорил: «Если ты лидер команды, но при этом еще и самый знающий специалист, жди неприятностей». Люди из квадранта С зачастую не умеют работать в команде, так как слишком высоко себя ценят.

Для перехода из сектора С в сектор Б необходим качественный скачок не в уровне технических знаний, а в лидерских навыках. Как уже неоднократно говорилось, в реальном мире отличники часто работают на троечников, а хорошисты идут на государственную службу.

В очередной раз поймав себя на мысли «Если хочешь, чтобы все было сделано как следует, сделай это сам», знайте, что пришло время подвергнуть вашу философию критическому переосмыслению.

Ценности квадранта Б

«Для своей команды я ищу самых лучших людей».

Для представителей квадранта Б главной ценностью является *создание богатства.*

Люди, начавшие с нуля и создавшие крупный бизнес в секторе Б, как правило, имеют сильную жизненную миссию. Они ценят хорошую команду, эффективный коллективный труд и хотят, чтобы на них работало как можно больше людей.

Если предприниматель из квадранта С хочет быть лучшим специалистом, то бизнесмен из квадранта Б комплектует вокруг себя команду, каждый член которой является экспертом в своей области. Генри Форд окружал себя людьми, которые были умнее его. Бизнесмен из сектора С зачастую считается самым умным и умелым среди своих сотрудников, чего нельзя сказать о бизнесмене из квадранта Б.

Если ваш бизнес создан в секторе Б, то часто вам приходится иметь дело с людьми умнее, опытнее и способнее себя. У моего богатого папы не было даже законченного среднего образования, но он постоянно общался с банкирами, юристами, финансистами, налоговыми консультантами и другими специалистами, многие из которых имели высшее образование и ученые степени. Собирая деньги для финансирования своего бизнеса, он часто имел дело с людьми, которые были намного богаче его. А если бы он руководствовался девизом «Хочешь, чтобы все было сделано как следует, — сделай это сам», то неизбежно потерпел бы неудачу.

Что касается оплаты труда, то представитель квадранта Б может прекратить работать, но будет по-прежнему получать доход. Если же прекратит работу предприниматель из сектора С, то в большинстве случаев он перестанет получать доход. В связи с этим вам стоит задать себе вопрос: «Что произойдет с моим доходом, если сегодня я прекращу работать?» Если за шесть месяцев денежный поток иссякнет, то вы, скорее всего, работаете в квадранте Р или С. Человек из квадрантов Б и И может не работать годами, но деньги на его счет будут поступать, как и прежде.

Ценности квадранта И

«Какова отдача от моих инвестиций?»

Самую большую ценность для представителей квадранта И представляет *финансовая свобода*. Им нравится, когда работают не они сами, а их деньги.

Инвесторы вкладывают капитал во многие вещи: золотые монеты, недвижимость, промышленные предприятия или бумажные активы типа акций, облигаций и паев инвестиционных фондов.

Если источником ваших средств к существованию является корпоративная или государственная пенсионная программа, а не самостоятельные инвестиции, то такой доход относится к квадранту Р. Другими словами, ваш босс или государство фактически продолжают платить вам зарплату, но уже не за работу, а за трудовой стаж.

От инвесторов можно часто услышать следующие фразы: «Я получаю 20 процентов дохода со своих активов», «Покажите мне финансовые документы компании» или «Каков объем отсроченных работ по ремонту и уходу на данном объекте недвижимости?»

Разные квадранты — разные инвестиции

В современном мире нам всем приходится становиться инвесторами. Однако система среднего образования не дает никаких знаний по инвестированию. Разумеется, мне известно, что в некоторых школах учеников знакомят с правилами выбора акций, но это, на мой взгляд, относится скорее к азартным играм, чем к инвестициям.

Много лет назад богатый папа обратил мое внимание на то, что большинство наемных работников вкладывают деньги в инвестиционные фонды или хранят их на банковских депозитах. Он сказал: «Даже если ты добился успехов в квадрантах Р, С или Б, это еще не гарантия того, что ты станешь успешным инвестором. Врачи чаще всего оказываются самыми никудышными инвесторами».

Богатый папа подчеркивал, что обитатели различных секторов вкладывают деньги по-разному. Например, от бизнесмена из квадранта С можно услышать: «Я не инвестирую в недвижимость, потому что не хочу ремонтировать туалеты». Другими словами, инвестор из сектора С полагает, что ему придется лично следить за исправностью зданий, в то время как инвестор из квадранта Б наймет управляющую компанию, которая займется этой проблемой. Разные люди — разный образ мышления — разные квадранты — разные ценности.

Если вы хотите разбогатеть, необходимо что-то менять. Под словом «менять» я подразумеваю не смену места работы, а трансформацию мышления.

Вы уже, возможно, поняли, к чему я клоню. Все очень просто: если вы хотите разбогатеть, необходимо что-то менять. Под словом «менять» я подразумеваю смену не места работы, а *трансформацию мышления.*

Если вы хотите держать под контролем свою жизнь и судьбу, если вы стремитесь к подлинной свободе, хотите заниматься тем, что вам нравится, самостоятельно устанавливать график своей работы, проводить больше времени с семьей, находить возможности для досуга — короче говоря, быть богатым и жить той жизнью, для которой вы рождены, — значит, настало время упаковывать вещи и готовиться к переезду.

Вам необходимо перебираться из левой половины в правую — в квадранты Б и И.

Глава 5

ОБРАЗ МЫШЛЕНИЯ ПРЕДПРИНИМАТЕЛЯ

Окончив колледж, я поступил в бизнес-школу по программе МВА, чтобы стать образованным и подготовленным предпринимателем. Через девять месяцев я бросил учебу. Думаю, не стоит и говорить, что степени МВА я так и не получил.

Сегодня различные бизнес-школы нередко приглашают меня выступить перед студентами, изучающими предпринимательство. Вряд ли стоит упоминать о том, что я воспринимаю подобные приглашения с определенной долей иронии.

Чаще всего студенты задают мне вопросы «Как найти инвесторов?» и «Где взять капитал?». Я с пониманием отношусь к этому, потому что подобные вопросы мучили и меня, когда я покинул надежную работу и стал предпринимателем. У меня не было денег, и никто не хотел инвестировать в мой бизнес. Венчурный капитал не торопился предлагать мне средства для развития фирмы.

Какой же ответ я даю сегодняшним студентам бизнес-школ? Я говорю: «Надо просто продолжать искать, потому что другого выхода у вас нет. Без финансирования ваш бизнес лопнет.

Даже сегодня, когда у меня достаточно денег, я только и делаю, что занимаюсь поисками финансирования. Для предпринимателя это обязанность № 1. Мы получаем капитал из трех источников: от клиентов, инвесторов и наемных работников. Основная задача предпринимателя заключается в том, чтобы убедить клиентов купить его продукт. Если клиенты согласны платить деньги за ваши товары, то инвесторы снабдят вас любыми необходимыми средствами. А если у вас есть наемные работники, то ваша задача состоит в том, чтобы они производили для вас как минимум в 10 раз больше доходов, чем вы выплачиваете им в виде зарплаты. Если вы не можете этого сделать, вам придется покинуть бизнес, и в этом случае вопрос о поисках капиталов для финансирования отпадает сам собой».

Это *не* тот ответ, которого ожидают студенты. Большинство из них ждут от меня магических формул, секретных рецептов, планов быстрого обогащения. Похоже, что и их преподавателей такой ответ не очень устраивает, потому что я замечаю, как их коробит от услышанного. Почему? Потому что они преподают предпринимательство, но сами в подавляющем большинстве предпринимателями не являются. Они всего лишь регулярно получают зарплату и надеются на то, что им продлят контракт.

Вам не нужно накапливать капитал для создания бизнеса, потому что это уже сделано за вас. Вам остается только строить свой бизнес!

Но мне хотелось бы поговорить с вами о бизнесе, где не требуются поиски финансирования. Та модель, которой я хочу поделиться в этой книге, не требует накопления капитала для создания бизнеса, потому что это уже сделано за вас. Вам же остается только строить свой бизнес!

Ведь в этом и заключается главное предназначение предпринимателя — *взять все в свои руки и действовать.*

Надо встать с пассажирского сиденья автобуса, пройти вперед и сесть за руль, чтобы самому управлять своей жизнью.

Что требуется для того, чтобы стать предпринимателем?

Предприниматели — самые богатые люди на земле. Всем хорошо известны такие имена, как Ричард Брэнсон и Дональд Трамп, Опра Уинфри и Стив Джобс, Руперт Мёрдок и Тед Тёрнер. Но большинство богатых предпринимателей — это люди, о которых вы ничего не слышали. Они спокойно наслаждаются своим богатством, не привлекая к себе внимания СМИ.

Мне часто приходится слышать дебаты по вопросу «Надо предпринимателем родиться или им можно стать?» Некоторые считают, что предприниматели — это особенные личности, в которых есть нечто магическое. Лично мне представляется, что в предпринимателе нет ничего особенного. Им может стать каждый.

Позвольте привести пример: у меня по соседству живет девочка-подросток, которая наладила собственный бизнес по присмотру за малолетними детьми и нанимает своих одноклассниц в качестве бебиситтеров. Она предпринимательница. Еще один молодой парень подрабатывает после школы, берясь за любые работы по хозяйству. Он тоже предприниматель. Большинство подростков, в отличие от взрослых, не испытывают никаких опасений по этому поводу.

Требуется смелость, чтобы открыть в себе талант, развить его и подарить миру.

Сегодня миллионы людей мечтают о том, чтобы бросить работу и стать предпринимателями, заниматься собственным бизнесом. Но у большинства эта мечта так и остается всего лишь мечтой. Возникает вопрос: почему многие люди терпят неудачу, пытаясь реализовать свои предпринимательские планы?

У меня есть знакомый — блестящий парикмахер, он просто настоящий волшебник. Уже многие годы он ведет разговоры об открытии собственного салона. У него грандиозные планы, но, к сожалению, он по-прежнему работает на хозяина большой парикмахерской, с которым, к тому же, постоянно конфликтует.

Еще у одного знакомого есть жена, которой надоело работать стюардессой. Два года назад она уволилась и пошла учиться парикмахерскому делу, а месяц назад состоялось открытие ее салона. Она не только красиво обставила его, но еще и переманила к себе некоторых из лучших стилистов.

Первый знакомый, услышав об этом, сказал: «Ну как она может открывать салон? У нее нет ни таланта, ни способностей. Ей это не дано. Она не училась в Нью-Йорке, как я. У нее нет никакого опыта. Готов поспорить, что не пройдет и года, как вся ее затея рухнет».

Что ж, может быть и так. Согласно статистическим данным, 90 процентов всех фирм терпят крах в течение первых пяти лет. Но ведь не исключено, что у нее все получится. Главное, что она хоть что-то пытается делать. Она не испугалась взять управление собственной жизнью в свои руки. *Требуется смелость, чтобы открыть в себе талант, развить его и подарить миру.*

Из всех, кто выиграл в лотерее по 3 миллиона долларов, 80 процентов остались без гроша в течение трех лет. Почему? Потому что одни только деньги не приносят богатства. Крупные суммы на счетах не сделали этих людей богатыми, потому что они не изменили образ своего мышления.

Ваш разум обладает безграничными возможностями. Единственным ограничением служат сомнения. Писательница Айн Рэнд, перу которой принадлежит книга «Атлант расправил плечи», говорила: «Богатство представляет собой продукт мыслительных способностей человека». Поэтому, если вы готовы изменить свою жизнь, я познакомлю вас с условиями, в которых вы сможете думать и богатеть.

Кем вы хотите стать, когда вырастете?

Когда я был ребенком, отец постоянно внушал мне, что надо ходить в школу и хорошо учиться, чтобы получить надежную и высокооплачиваемую работу. Он программировал меня для жизни в квадранте Р. Мать уговаривала меня учиться на врача или юриста: «В этом случае у тебя будет профессия, которая всегда и всем нужна». Но богатый папа говорил, что, если я хочу разбогатеть, надо становиться бизнесменом и инвестором. Он программировал меня на жизнь в секторе Б и И.

Когда я вернулся из Вьетнама, мне пришлось выбирать между этими направлениями. Такой же выбор предстоит сделать и вам.

Один из аргументов в пользу бизнеса — это чувство собственного достоинства.

Не следует его недооценивать. В мире полно тиранов и недоумков, и один из них вполне может оказаться вашим начальником, соседом или просто знакомым. Вам ведь не хочется, чтобы вами помыкали? Возьмите свою жизнь под собственный контроль, и эти люди больше не будут вас беспокоить. Вы будете свободны в своих мыслях и поступках.

Дух «мазерати»

Еще раз задайте себе вопрос: *«Где я нахожусь?»* Это поможет вам осознать, что будет означать переход из одного квадранта в другой. Речь идет не просто о различных типах бизнеса, а об отношении к жизни.

Ведь разновидности бизнеса — это только внешняя форма. Если вы посадите конюха за руль «мазерати», он не станет автогонщиком. Для этого необходимы навыки, тренировки и, что самое главное, соответствующий стиль мышления.

То же самое относится и к финансовой сфере. Вам необходимо усвоить образ мышления предпринимателя. Главное в нем то, что предприниматель является самодостаточной личностью. Он работает на себя, и ему не на что и не на кого жаловаться, кроме самого себя.

Одна из самых привлекательных сторон бизнеса XXI века заключается в том, что вся подготовительная работа к нему уже проделана.

Разумеется, это не значит, что вам придется все делать самому с нуля, как мне в свое время. Вовсе нет. Одна из самых привлекательных сторон *бизнеса XXI века* заключается в том, что вся подготовительная работа к нему уже проделана. Вам нужны только опытные наставники, которые будут направлять ваши действия.

Однако не надо заблуждаться: решение в конечном счете принадлежит вам, и именно вы будете претворять его в жизнь. Для этого необходимо иметь образ мышления предпринимателя. Если его у вас нет, то, каким бы перспективным ни был ваш бизнес и какие бы учителя ни давали вам рекомендации, хорошего результата не ждите.

Модель бизнеса, которую мы будем рассматривать во второй части книги, — это мощный и быстрый «мазерати», но за рулем придется сидеть все-таки вам самим. Ведь в конечном итоге все будет зависеть только от вас. Готовы ли вы взять управление на себя? Есть ли у вас для этого все необходимое?

Глава 6

НАЧНИТЕ УПРАВЛЯТЬ СВОЕЙ ЖИЗНЬЮ

В 1985 году мы с моей женой Ким оказались бездомными. У нас не было работы, а от сбережений почти ничего не осталось. На кредитных карточках было пусто, и мы жили в старой коричневой тойоте с откидными сиденьями, которые служили нам спальными местами. Прожив таким образом неделю, мы начали задумываться, кто мы, что делаем и в каком направлении двигаться дальше.

Увидев нашу безвыходную ситуацию, одна подруга предложила нам комнату в своем подвале. Друзья и родственники постоянно задавали один и тот же вопрос: «Почему бы вам не устроиться на работу?» Поначалу мы пытались что-то объяснять, но очень трудно разговаривать на эту тему с людьми, которые больше всего ценят надежное рабочее место.

Время от времени мы брались за какую-то случайную работу, но лишь для того, чтобы заработать немного денег на еду и заправку машины.

Должен признать, что порой нас одолевали серьезные сомнения, и идея устроиться на работу с регулярной зарплатой начинала казаться весьма привлекательной. Но, поскольку надежное рабочее место не относилось к нашим идеалам, мы продолжали двигаться к своей цели, каждый день находясь на краю финансовой бездны. Мы знали, что найти хорошую работу нам было бы совсем нетрудно. Мы оба окончили колледж, располагали хорошими знаниями и готовы были усердно трудиться, но такая перспектива нас не привлекала. Мы стремились к финансовой свободе.

В 1989 году мы были уже миллионерами.

Мне часто приходится слышать: «Чтобы делать деньги, нужны деньги». Все это чушь собачья! За четыре года мы прошли путь от бездомных бедняков до миллионеров, а потом нам понадобилось еще пять лет, чтобы обрести подлинную финансовую свободу, и все это было сделано без денег. В самом начале пути мы не располагали абсолютно никакими средствами. Более того, мы были по уши в долгах.

Не имеет большого значения и формальное образование. Колледж важен для тех, кто выбирает себе традиционную профессию, а не для тех, кто хочет разбогатеть.

Но если для обретения финансовой свободы не нужны ни деньги, ни образование, то что же тогда нужно? Мечта, большая решимость, готовность быстро учиться и ясное осознание того, в каком секторе квадранта денежного потока вы намерены действовать.

Усердный труд не сделает вас богатым

В нашей культуре бытует странная идея: «Если будешь усердно трудиться, станешь жить по-человечески». Ложь! Трагичнее всего то, что у большинства населения настолько промыты мозги, что они верят этому, хотя вокруг множество свидетельств совершенно обратного.

О каких свидетельствах идет речь? Да вы оглянитесь вокруг! Вы знаете людей, которые работают изо всех сил, а живут ниже уровня собственного достоинства, то есть попросту выживают?

Конечно, знаете! Все мы знаем. Многие люди работают в поте лица, но живут явно не по-человечески. И хуже всего то, что многие из них приходят к заключению, будто это происходит по их собственной вине, будто это их личная неудача. Вроде бы они все делают правильно, но никакого толку от этого нет. И они начинают думать: «Значит, я работаю недостаточно усердно. А может, мне просто не везет. Наверное, мне вообще не суждено чего-то добиться в жизни».

Ерунда! Миф о необходимости работать в поте лица — это всего-навсего миф.

Поймите меня правильно: я не утверждаю, что достичь богатства и финансовой свободы можно вообще без всякого труда. Работать придется, и очень много. Я не думаю, что вы настолько наивны, чтобы поверить идиотам, которые обещают показать вам легкий и безболезненный путь к богатству. В противном случае я могу подсказать вам, где можно задешево купить мост, потому что вся история с просроченными ипотеками и задолженностью по кредитам вас так ничему и не научила.

Да, вам придется как следует поработать, но весь вопрос в том, ради чего.

Я уже слышу ваш ответ: «Ради денег, конечно!» Однако попрошу вас не торопиться, потому что в нашем культурном воспитании кроется громадная ошибка. Истина же звучит так:

Работа ради денег никогда не сделает вас богатым.

Люди, работающие ради денег, трудятся в поте лица, но чем выше становится их доход, тем больше с них берут налогов. Поэтому забудьте о работе ради денег. Все, что вы заработаете, будет потрачено, и вам снова придется засучивать рукава.

Вы спросите: «Хорошо, но что же тогда делать?» Установить контроль.

Контроль над чем? Ведь в жизни множество вещей, не подвластных нашему контролю. Вы не можете контролировать рынок, своих сотрудников, состояние экономики. Что же тогда остается контролировать? Источники ваших доходов.

Проблема

Большинство людей разбогатели, создав собственный бизнес. Билл Гейтс основал «Microsoft», а Майкл Делл создал «Dell Computers» в своей комнате в студенческом общежитии. И все же в историческом плане не так уж многим людям удавалось обосноваться в квадранте Б. Да, этот сектор — лучшее место для накопления подлинного богатства, но существуют некоторые барьеры, которые для большинства людей оказываются непреодолимыми.

У основной массы людей нет начального капитала для создания собственного бизнеса. Сегодня вам потребуется для этого в среднем 5 миллионов долларов. Во-вторых, создание бизнеса с нуля по-прежнему остается самым рискованным путем к богатству. Ведь 90 процентов всех фирм разоряются в первые пять лет, и если эта судьба постигнет вас, то угадайте сами, кто потеряет 5 миллионов. Начиная собственный бизнес, я дважды терпел неудачи, и, хотя мне удалось избежать банкротства (и я не просил помощи у правительства, как некоторые крупные компании), это стоило мне миллионов долларов.

Создавая новую фирму, вы должны позаботиться о том, чтобы оплатить аренду земли и помещений, воду, газ, электричество и прочие услуги, выдать зарплату работникам, рассчитаться с поставщиками. Если вы этого не сделаете, ваш бизнес закончится. Угадайте, кто во всей этой истории не получит денег? Вы. В процессе создания нового бизнеса (я говорю об *успешном* бизнесе) может пройти от пяти до десяти лет, в течение которых вы ничего не будете получать.

Вспомните, как мы с Ким спали в разбитой тойоте. Это отнюдь не весело. Конечно, мы могли бы устроиться на работу, которая сразу обеспечила бы нам крышу над головой, но мы предпочли удел бездомных, поскольку верили, что наша мечта исполнится и когда-нибудь мы переберемся в квадрант Б.

Большинству людей не хватает умственной, эмоциональной, физической и финансовой выносливости, чтобы пережить такие условия.

Все это очень нелегко, поверьте мне.

Что вы скажете о франшизе?

Франшиза* устраняет значительную часть указанных выше рисков. Выступая от имени хорошо известной компании типа «McDonald's» или «Subway», вы значительно повышаете свои шансы на успех и избавляетесь от большого объема подготовительной работы. Однако остается проблема № 1 — надо искать деньги. Стоимость приобретения франшизы у известной компании колеблется от 100 тысяч до 1,5 миллиона долларов или даже больше, и это только покупка прав. В дальнейшем вас ожидают месячные платежи головной компании за учебу персонала, рекламу и поддержку.

Однако все это отнюдь не является гарантией большого богатства. Не исключено, что вы будете вынуждены платить франчайзеру несмотря на то, что работаете в убыток. Но даже если вы добьетесь успеха на этом поприще, очень велики шансы, что первые несколько лет у вас не будет дохода. Согласно статистическим данным, каждая третья франшиза заканчивается разорением.

Когда моему бедному папе исполнилось 50 лет, он безрассудно выставил свою кандидатуру на пост губернатора Гавайев, составив конкуренцию своему прямому начальнику. Он не только проиграл выборы, но и был уволен с работы. Моему отцу сказали, что он больше никогда не найдет себе работу на Гавайях. Тогда он собрал все свои сбережения и приобрел франшизу одной известной компании, которая, по слухам, была «абсолютно беспроигрышным вариантом».

* Право использования фирменных знаков или популярного бренда на заранее оговоренных условиях и за определенную плату. — *Прим. перев.*

Однако отец умудрился проиграть даже беспроигрышный вариант. В результате он потерял все деньги.

Теоретически франшиза представляет собой замечательную идею, но в реальности это больше напоминает азартную игру, причем вам приходится выкладывать деньги за одно только право сесть за игровой стол.

Сила пассивного дохода

Вы когда-нибудь пользовались водопроводными кранами, экономящими воду? Вода льется до тех пор, пока вы удерживаете кнопку в нажатом положении. Стоит отпустить ее, как пружина тут же перекрывает кран.

У большинства людей источник доходов напоминает такой кран. Деньги текут тонкой струйкой, но стоит вам прекратить работу, как поток тут же иссякает. Вам же нужен такой денежный кран, который достаточно открыть один раз и больше ни о чем не беспокоиться.

Он может обеспечить вам доход не только на какое-то короткое обозримое будущее, но и на бесконечно долгий срок.

Это так называемый *пассивный доход*, который продолжает поступать постоянно, даже если вы не прилагаете к этому никаких усилий и не занимаетесь непосредственно бизнесом, который является его источником.

Переход в квадрант Б — это шаг в нужном направлении, но далеко не все виды бизнеса способны создавать пассивный доход. При наличии в собственности ресторана доход появляется лишь в том случае, если вы приготовили блюдо и продали его. Если вы ремонтируете кондиционеры, то доход вы получите только после оказания услуги. Даже высокооплачиваемые врачи и адвокаты получают доход только за обслуживание конкретных пациентов или клиентов. Если в течение недели у вас не появилось клиентов, поток доходов перекрывается, и денег за эту неделю вы не получаете.

Людям необходимо понимать, где можно получить пассивный доход. Зная это, мы с Дональдом Трампом объединили усилия и разработали несколько бизнес-структур, которые способны его генерировать, и опубликовали полученные результаты в книге «Почему мы хотим, чтобы вы были богаты».

Кстати, название книги — это не пустые слова. Мы действительно хотим, чтобы вы были богаты. Богатство — это не какой-то ограниченный ресурс. Если вы разбогатеете, это не значит, что вы заберете часть богатства у меня, у Дональда или у кого-нибудь еще. Мир, в котором мы живем, на удивление изобилен. В нем достаточно энергии и материалов, чтобы *каждый человек на планете* мог проявить изобретательность, творчество, амбиции и разбогатеть.

Что же нам удалось обнаружить? Мы нашли одну модель бизнеса, отличающуюся от всех остальных. Она создает пассивный доход и при этом требует относительно небольших начальных капиталовложений. Этим бизнесом можно управлять в свободное от работы время, но генерируемого им дохода достаточно, чтобы со временем уйти с работы и полностью посвятить себя бизнесу.

Эта модель бизнеса называется *сетевым маркетингом.* О нем я и буду рассказывать далее.

[illegible] пассивных [illegible] можно получить [illegible] с Дональдом Трампом [illegible] разработали несколько бизнес-структур [illegible] проиллюстрировать [illegible] в книге «Почему мы хотим, чтобы вы были богаты».

[illegible] богатство — это [illegible]. Если вы работаете [illegible] часть остается у меня [illegible]

[illegible]

[illegible]

ЧАСТЬ II

Один бизнес — восемь активов, создающих богатство

Восемь аргументов в пользу сетевого маркетинга, который способен обеспечить ваше будущее

Глава 7

МОЯ ЖИЗНЬ В БИЗНЕСЕ

Я должен начать с откровенного признания: я никогда вплотную не занимался сетевым маркетингом. Я не являюсь дистрибьютором ни одной компании. У меня нет финансовых интересов ни в одной фирме сетевого маркетинга, и я не рекламирую ни одну из них. Но в то же время я прямо причастен к этому виду бизнеса, так как на протяжении многих лет усиленно пропагандирую его. В этой главе я расскажу вам почему.

Впервые я познакомился с сетевым маркетингом в 1975 году, когда один знакомый пригласил меня на свою презентацию. Я согласился сходить, хотя мне показалось немного странным, что это мероприятие проводится не в офисе, а в частном доме.

В течение трех часов я слушал, как он рассказывает о преимуществах собственного бизнеса перед трудом по найму, и был согласен со многим из того, что он говорил. В конце он спросил меня, что я думаю обо всем услышанном. «Это интересно, — ответил я, — но не для меня».

К тому времени я был полностью занят созданием собственного бизнеса, и мне было непонятно, почему я должен строить его вместе с кем-то еще. Кроме того, речь шла о сетевом маркетинге. Тогда я еще совершенно не разбирался, в чем его суть, но мне казалось, что я уже все знаю о нем, и был уверен, что мне это не подойдет.

Вскоре после первого знакомства с сетевым маркетингом мой бизнес по производству бумажников для спортсменов, который я основал вместе с двумя друзьями, резко пошел в гору. Два года упорного труда начали окупать себя. Успех, слава и богатство так и сыпались с небес на меня и моих партнеров. Мы поставили перед собой задачу к тридцати годам стать миллионерами, и это нам удалось, несмотря на все трудности и жертвы (надо учесть, что это были 70-е годы, когда миллион долларов еще что-то значил). О нашей компании и продукции писали такие журналы, как «Surfer», «Runner's World» и «Gentleman's Quarterly». Мы были хитом сезона в области спортивных товаров, и наш бизнес распространялся по всему миру. Это был настоящий успех.

Больше я не вспоминал о сетевом маркетинге, во всяком случае на протяжении ближайших 10 лет.

Прозрение

Шли годы, и многое для меня становилось яснее. Мой невероятно успешный бизнес потерпел крах уже через несколько лет. Это было отрезвляющее и очень полезное событие, поскольку оно заставило меня более пристально смотреть на окружающий мир и задавать вопросы. Многое из того, чему учил меня богатый папа, начало оседать в голове, и мои перспективы стали расширяться.

Вскоре я создал еще одну успешную фирму, а потом еще и еще, и, в отличие от первой, они выдержали испытание временем.

На протяжении всех этих лет я стремился стать богаче, но вместе с тем изыскивал способы помочь окружающим тоже достичь богатства. Я начал осознавать, что удовлетворение может вызывать не только личный успех, но и возможность помочь другим людям добиться таких же высоких результатов. В последующие 15 лет мне доводилось слышать немало негативной информации о сетевом маркетинге от своих знакомых, поэтому в конце концов я решил проверить все это лично.

Я начал осознавать, что удовлетворение может вызывать не только личный успех, но и возможность помочь другим людям добиться таких же высоких результатов.

В начале 90-х годов я случайно встретился со своим знакомым Биллом, который к тому времени был уже мультимиллионером. Мы разговорились, и Билл рассказал, что занимается построением нового бизнеса, основанного на сетевом маркетинге.

Билл всегда был трезвомыслящим человеком и опытным бизнесменом. Я знал, что он только что завершил грандиозный проект с недвижимостью общей стоимостью более миллиарда долларов, поэтому поинтересовался, что могло заставить его ввязаться в сетевой маркетинг.

Он ответил: «Люди уже много лет спрашивают у меня советов относительно инвестиций в недвижимость. Они хотели бы вкладывать деньги и в мои проекты, но это не всегда возможно, потому что у большинства из них нет 50 или 100 тысяч долларов, которые являются минимальным взносом для проектов моего уровня. На самом-то деле у многих вообще нет денег. Некоторые стоят на грани банкротства, поэтому вступают в дешевые беззалоговые сделки, которые зачастую оказываются очень неудачными инвестициями. В сфере сетевого маркетинга я могу реально помочь людям заработать деньги, и при этом от них не требуется серьезных капиталовложений. А чем большему числу людей я смогу помочь, тем больше у меня будет инвесторов!

Кроме того, мне действительно нравится работать с людьми, готовыми учиться и развиваться. Те, кого я консультирую по вопросам сетевого маркетинга, с восторгом воспринимают все новые идеи».

Поговорив несколько минут, мы распрощались, так как мне надо было спешить в аэропорт, но на протяжении нескольких последующих месяцев мы еще не раз встречались и продолжали беседы на эти темы, в результате чего мое уважение к идее сетевого маркетинга сильно возросло.

В 1994 году я решил серьезно изучить это направление бизнеса. Я посещал все презентации и внимательно слушал, о чем там говорится. Я читал литературу, изучал различные компании сетевого маркетинга и анализировал результаты их деятельности с той же тщательностью, что и объекты своих инвестиций. В наиболее понравившиеся я даже вкладывал какие-то деньги, но делалось это не ради дохода, а ради того, чтобы побольше узнать о сетевом маркетинге и познать его изнутри.

Мне довелось пообщаться с руководителями некоторых из этих компаний, и я был поражен тем, какой высокой моралью, духовностью и профессионализмом обладали эти интеллигентные и милые люди. Избавившись от своих предубеждений и поняв суть сетевого маркетинга, я понял, что нашел чрезвычайно привлекательную сферу бизнеса.

Когда я впервые познакомился с этой концепцией в 1975 году, мой разум был наглухо закрыт для нее. Спустя почти 20 лет я полностью поменял свою точку зрения.

Люди иногда спрашивают: «Почему вы рекомендуете сетевой маркетинг как средство накопления богатства, если сами разбогатели совершенно иным способом?»

Именно потому, что сетевой маркетинг не играл никакой роли в процессе первичного накопления моих капиталов, я могу судить о нем более объективно. Я изучал это направление бизнеса как бы со стороны и нашел в нем много положительных сторон, но все это произошло уже после того, как я обрел финансовую свободу.

Тем не менее могу сказать, что если бы сегодня мне пришлось начинать все с нуля, то я занялся бы в первую очередь не традиционным бизнесом, а именно сетевым маркетингом.

Что же такое сетевой маркетинг?

Я уже говорил, что никогда непосредственно не был связан с сетевым маркетингом, но зато знаю человека, который активно им занимался. Поэтому я предложил ему поделиться своим опытом.

Мой друг Джон Флеминг начинал свою карьеру архитектором (когда-то он работал на легендарного Миса ван дер Роэ), и это одна из причин, по которым я восхищаюсь его подходом к сетевому маркетингу. Джон старается внести в построение этого бизнеса ту же практичность и функциональность, что и в строительство зданий.

В структуре любого бизнеса он ценит прежде всего прочность.

В этой главе Джон делится своим почти 40-летним опытом работы в сфере сетевого маркетинга. Он владел и управлял собственным предприятием, а также занимал руководящие посты в других фирмах, в частности на протяжении 15 лет был региональным вице-президентом, а затем вице-президентом по стратегии продаж, подготовке специалистов и развитию в одной из самых крупных и уважаемых компаний сетевого маркетинга. Джон принимает активное участие в работе отраслевых ассоциаций. В 1997 году Образовательный фонд прямых продаж присудил ему свою высшую премию.

Сегодня Джон издает журнал «Direct Selling News», в котором освещаются вопросы прямых продаж и сетевого маркетинга.

Роберт: Джон, расскажите читателям, что такое сетевой маркетинг и как он действует.

Джон: Сетевой маркетинг в различных формах существует с середины прошлого века. Основная идея, лежащая в его основе, столь же проста, сколь и блестяща: вместо того чтобы тратить огромные средства на всевозможные профессиональные агентства и маркетинговые службы, продвигающие вашу продукцию на рынок, лучше заплатить людям, которые сами являются потребителями и поклонниками вашей продукции и рассказывают об этом всем окружающим.

Именно так поступают компании сетевого маркетинга. Они выплачивают часть выручки от продаж независимым представителям, которые в большинстве своем сами являются потребителями данных продуктов и убежденно, с энтузиазмом распространяют о них информацию.

Роберт: Позвольте мне временно взять на себя функции адвоката дьявола. Разве может система, в которой вместо подготовленных и компетентных маркетологов и продавцов работают случайно подобранные люди, добиться хоть сколько-нибудь серьезного уровня продаж?

Джон: В этом-то и заключается вся прелесть данной системы. Любой профессиональный маркетолог, любая гигантская корпорация и даже голливудские продюсеры знают, что самая эффективная форма рекламы в мире — передача информации из уст в уста. Именно поэтому в телевизионной рекламе актерам платят миллионы, чтобы они произносили с экрана слова так же, как это делают ваша мама, муж, лучший друг или дети. Актеры имитируют доверительный обмен сведениями между близкими людьми.

В сетевом маркетинге нет никакой имитации. Здесь все по-настоящему. Истинная сила данной модели заключается в том, что компания платит комиссионные продавцу за все товары, купленные людьми по его рекомендации, и на этом можно неплохо заработать.

Насколько это эффективно? Вы и сами знаете ответ на данный вопрос: объем продаж с использованием методов сетевого маркетинга во всем мире существенно превышает 10 миллиардов долларов в год, что сопоставимо со всем объемом экономики таких стран, как Новая Зеландия, Пакистан или Филиппины.

Описывая эту модель бизнеса, я часто называю ее то прямыми продажами, то сетевым маркетингом, потому что сегодня большинство компаний, работающих по принципу прямых продаж, делают это через сетевой маркетинг. Хотя данные понятия во многом стали взаимозаменяемыми, здесь я буду употреблять термин «сетевой маркетинг».

Одна из причин постоянного роста продаж в сетевом маркетинге заключается в том, что в этом процессе нет проигравших. Компания получает прекрасные презентации своей продукции и доверие клиентов, которого очень трудно и дорого добиться средствами традиционной рекламы, а независимый представитель имеет возможность создать для себя весьма серьезный денежный поток.

Каким образом? За счет обмена информацией в ходе личных контактов создается обширная сеть как продавцов товаров и услуг компании, так и клиентов.

Роберт, вы говорите, что бизнес в квадранте Б должен иметь не менее 500 наемных работников. Хотя в сетевом маркетинге продавцы являются не наемными работниками, а вашими независимыми представителями, которым вы платите за оказанные услуги, финансовая динамика остается такой же: если количество таких внештатных продавцов возрастает до 300, 400 или 500, о вашей фирме уже можно говорить как о серьезной организации, дающей существенный доход.

Что говорят о сетевом маркетинге

Джон говорит, что сила этой бизнес-модели заключается в ее эффективности, и мы не единственные, кто это замечает.

Том Питерс, легендарный эксперт в сфере менеджмента и автор классического бестселлера «В поисках совершенства» («In Search of Excellence»), описывает сетевой маркетинг как «первый за полстолетие поистине революционный шаг после возникновения современного маркетинга в компании „Procter and Gamble“ и Гарвардской школе бизнеса».

О растущих успехах сетевого маркетинга писали газеты и журналы «Forbes», «Fortune», «Newsweek», «Time», «US News & World Report», «USA Today», «New York Times» и «Wall Street Journal». Пятнадцать лет назад вы едва ли могли найти упоминание о нем в прессе, а сегодня возьмите последний номер «Fortune» и посмотрите, как там описывается сетевой маркетинг:

Сегодня сетевой маркетинг признан многими ведущими экспертами и бизнесменами как одна из самых быстро развивающихся моделей бизнеса в мире.

«Мечта инвестора... самый тщательно охраняемый секрет в мире бизнеса... отрасль с неуклонно растущими ежегодными показателями, постоянным денежным потоком, высокой рентабельностью инвестированного капитала и долгосрочными глобальными перспективами».

Пожалуй, трудно найти более непохожих друг на друга людей, чем Уоррен Баффет и Ричард Брэнсон. Баффет ездит на пикапе и живет в Омахе; Брэнсон летает на самолетах собственной авиакомпании и живет на одном из Британских Виргинских островов, приобретенном им в собственность. Однако у них есть три общие черты. Оба они миллиардеры. Оба чрезвычайно практичные люди. Оба имеют в собственности компании сетевого маркетинга.

Вам это ни о чем не говорит?

Что общего между такими компаниями, как «Citigroup», «Jockey», «L'Oreal», «Mars», «Remington» и «Unilever»? Все они в той или иной степени (а кое-кто и полностью) осуществляют сбыт своей продукции через сетевой маркетинг.

Сегодня многие ведущие эксперты и бизнесмены считают сетевой маркетинг одной из самых быстроразвивающихся моделей бизнеса в мире.

Глава 8

ВАЖЕН НЕ ДОХОД, А АКТИВЫ, СОЗДАЮЩИЕ ДОХОД

Нет ничего удивительного в том, что многие склонны недооценивать сетевой маркетинг. Ведь даже те, кто вплотную занимается этим видом бизнеса, не вполне понимают, какой ценностью они располагают.

Посещая очередную презентацию сетевого маркетинга, люди чаще всего задают вопрос: «На какой доход я смогу рассчитывать, если займусь этим бизнесом?» Неудивительно, что и в ходе презентаций слушателям обычно рассказывают именно о том, что им хочется услышать: сколько долларов в месяц они смогут заработать.

Дело в том, что люди мыслят категориями квадрантов Р и С. Именно поэтому их в первую очередь интересует месячный доход как некое дополнение к зарплате, которую они получают в этих секторах.

Но истинная ценность сетевого маркетинга вовсе не в этом.

Вся проблема работы по найму заключается в том, что доход чрезвычайно ограничен и носит линейный характер: проработал один час — получил доллар, проработал два часа — получил 2 доллара. Следовательно, у вас никогда не будет возможности остановиться. Как уже было сказано, это тупиковый вариант. Большинство людей интуитивно понимают это, но полагают, что единственный выход из тупика — высокая зарплата. Однако суть от этого не меняется: вы накрепко привязаны к источнику своих доходов, и чем больше вы зарабатываете, тем прочнее становится связь.

В квадрантах Б и И главная цель — это не заработок, а приобретение активов, создающих доход.

Правда о вашем доме

Многие вещи, которые люди считают своими активами, на деле представляют собой пассив.

Фактором, отличающим актив от пассива, является не абстрактная стоимость, а направление создаваемого денежного потока. Другими словами, все зависит от того, куда направлен денежный поток — в ваш карман или из него. Все, чем вы владеете, либо приносит вам деньги, либо забирает их у вас. Если положительный денежный поток отсутствует, значит, речь идет не об активе, а о пассиве.

В течение многих лет люди использовали свои дома как некое подобие банкоматов, получая под их залог значительные ссуды, позволяющие расплатиться с задолженностями по кредитным карточкам, съездить в отпуск, купить внедорожник и т. п. Возможно, вы тоже так поступали. Все это объясняется устоявшимся представлением о том, будто ваш дом является финансовым активом, хотя фактически он представляет собой всего-навсего кредитную карточку, только больших размеров.

Позвольте объяснить вам, что такое актив.

В головах большинства людей по данному вопросу царит полнейшая путаница. Они открывают толковый словарь и читают, что актив — это нечто, обладающее определенной стоимостью. Да, такое определение существует, но оно может вводить в заблуждение.

Давайте я задам вам вопрос:

Сколько стоит ваш дом?

Но прежде, чем вы ответите, позвольте задать тот же вопрос несколько иначе:

Какой ежемесячный доход приносит ваш дом?

Скорее всего, вы ответите: «Да никакого. Наоборот, каждый месяц я трачу немалые деньги на уход за ним и ремонт».

В этом-то все и дело. *Ваш дом — это не актив, а пассив.*

Вы, конечно, скажете: «Но погодите минутку, ведь дом стоит несколько сотен тысяч долларов!»

Да неужели? И когда же эта стоимость станет реальностью? Только тогда, когда вы вздумаете продать его, то есть в неопределенном будущем. А где вы тогда будете жить? Скорее всего, вырученные деньги вы потратите на приобретение нового жилья. И где же тогда стоимость дома? Можете ли вы подержать эти деньги в руках? Можете ли вы что-то купить за них или инвестировать во что-то? Стоимость дома исчезла. Ее больше нет. *Ваш дом — никакой не актив. Это дыра в земле, в которую непрерывно утекают деньги.*

Как отличить актив от дыры в земле?

Забудьте на минутку о толковом словаре. Давайте поговорим о реальных вещах. Актив — это то, что работает на вас и дает вам возможность получать доход, не работая самим. Бедный папа всегда говорил: «Постарайся получить высокооплачиваемую работу». Богатый папа внушал: «Приобретай активы».

Строя свой бизнес в квадранте Б, вы приобретаете активы.

Наша компания «Rich Dad» располагает филиалами по всему миру. Независимо от того, чем я занимаюсь, — сплю или играю в гольф, на мой счет постоянно поступают деньги. Это пассивный доход. Конечно, я работаю так же усердно, как и прежде, но не ради зарплаты, а ради приобретения активов, потому что я мыслю как богатый человек, а не как рабочий.

Если исходить из того, что владение бизнесом равносильно владению активами, то, работая в сфере сетевого маркетинга, вы приобретаете не только необходимые для жизни знания и умения, но и настоящие активы. Если вы работаете по найму, вашим доходом является зарплата, в сетевом же маркетинге вы строите свой бизнес, который *генерирует доходы.*

Я инвестирую только в то, что приносит доход. Если вложение приносит мне деньги, значит, это актив. Если же оно вытягивает деньги из моего кармана, значит, это пассив. У меня есть два порше. Они являются пассивом. Конечно, это моя собственность, но машины не приносят дохода, а только тянут из меня деньги. Все очень просто.

Для знающих людей активом № 1 обычно является собственный бизнес, а активом № 2 — недвижимость. Но, говоря о недвижимости, необходимо понимать разницу между денежным потоком и приростом стоимости. Большинство людей путают эти понятия. Вкладывая деньги в недвижимость, они инвестируют в прирост стоимости. От них часто можно услышать: «Мой дом вырос в цене». В данном случае речь идет о приросте стоимости, а не о денежном потоке.

Недвижимость должна, как правило, приобретаться и удерживаться как актив, а не продаваться с прибылью. Допустим, вы купили объект недвижимости за 100 тысяч долларов, а продали за 200 тысяч. В данном случае нельзя говорить об активе. Вы просто воспользовались приростом стоимости в размере 100 тысяч и ради денег расстались с активом. Вы «убили» свой актив. Это все равно что продать корову вместо того, чтобы держать ее и продавать молоко. Лично я предпочел бы последнее.

Вернемся к самой большой проблеме работы по найму. Рабочее место не является активом. Вы не можете продать его или сдать в аренду. Вы не получаете от него дивидендов. Зачем же проводить целые десятилетия, лучшие годы жизни, создавая то, что не является активом? Точнее говоря, создавая активы, но не для себя, а для кого-то другого?

Я хочу, чтобы вы четко понимали: работая по найму, вы создаете активы для *других людей.*

Нам с детства внушают, будто хорошее рабочее место обладает некой внутренней ценностью, но на самом деле его ценность равна абсолютному нулю. Вдобавок ко всему ваша зарплата облагается налогами по самой высокой ставке по сравнению со всеми остальными видами доходов. В данном случае все работает против вас! Но некоторые люди готовы платить даже такую цену за «надежность и стабильность» в квадранте Р.

Сетевой маркетинг — это не продажа товаров, а получение дохода!

Самое распространенное заблуждение относительно сетевого маркетинга состоит в том, что его приравнивают к торговле. Но торговля — это лишь один из способов получения дохода. Как только она останавливается, доходы тут же прекращаются.

Продавец — это наемный работник. Работая за прилавком в магазине, вы находитесь в секторе Р. Если же у вас собственный бизнес (например, продажа страховых полисов, жилых домов, ювелирных изделий), то здесь речь идет уже о квадранте С. Однако в любом случае это рабочее место, и ваша функция заключается в том, чтобы продавать товары или услуги.

Так богатство и финансовая свобода не создаются.

Для этого вам нужно перейти в квадрант Б.

Джон: Роберт, вы совершенно правы. Люди зачастую полагают, что для того, чтобы добиться успеха в этом бизнесе, надо уметь торговать. Однако суть сетевого маркетинга не в том, чтобы умело продавать какой-то товар или услугу. Ведь независимо от того, насколько вы хороши как продавец (а большинство людей, честно говоря, не слишком сильны в этом деле), ваш доход определяется тем, сколько вы сможете продать, а количество часов в сутках ограничено, не так ли?

В сетевом маркетинге главная задача заключается не в *продаже как таковой*, а в *формировании сети*, то есть армии людей, которые будут представлять ваши товары или услуги и делиться с окружающими информацией о них.

Таким образом, ваша цель не в том, чтобы продать как можно больше единиц товара, а в том, чтобы охватить как можно большее количество клиентов, рекрутируя под свои знамена *других людей*, непосредственно занимающихся продажей.

Что вы получаете, создав армию независимых распространителей? Актив, который генерирует для вас пассивный доход.

В главе 13 я попрошу Джона более подробно разъяснить, почему в сетевом маркетинге не обязательно самому обладать навыками продавца. Я надеюсь, что вы уделите этой главе должное внимание, потому что там представлена очень важная информация, которую большинство людей не понимают. Пока же достаточно, чтобы вы запомнили: *участие в сетевом маркетинге не связано напрямую с размером дохода, так как основной его целью является создание активов.*

Если точнее, то при этом создается *восемь* видов активов, причем одновременно. В последующих главах мы рассмотрим их поподробнее.

Глава 9

АКТИВ № 1: ЗНАНИЯ О БИЗНЕСЕ В РЕАЛЬНОМ МИРЕ

Я должен вам признаться, что очень медленно читаю. Я читаю много, но медленно, и порой мне приходится прочитывать одно и то же место несколько раз, прежде чем я пойму, о чем там идет речь. Более того, я очень плохо пишу. Из-за этого я дважды проваливался в школе на экзаменах по английскому языку.

И знаете, что странно? Троечник, который в школе едва справлялся с письменными заданиями, стал очень хорошим писателем, и семь из его книг вошли в перечень бестселлеров «New York Times».

О чем это говорит? О том, что хорошие оценки — это еще не самое главное.

Поймите меня правильно: я не принижаю значимости образования. Я убежден, что оно необходимо. Я страстный сторонник хорошего образования. Но все дело в том, что в школе, на мой взгляд, не учат тому, что обеспечит вам успех в жизни.

Суть сетевого маркетинга не в том, чтобы представлять отличные товары, не в деньгах, которые можно заработать, и не в возможности достижения финансовой свободы.

Да, товары зачастую великолепны. И возможность отыскать путь к подлинному богатству тоже не надо сбрасывать со счетов. Но это не главное достоинство данного бизнеса. Ценность сетевого маркетинга № 1 заключается в получении *знаний о том, как делается бизнес в реальном мире.*

Три вида образования

Если вы хотите добиться финансового успеха, необходимо учитывать, что существует три вида образования: школьное, профессиональное и финансовое.

В школе вас учат читать, писать и решать математические задачи. Это очень важная часть образования, особенно в современном мире. Как уже говорилось, бо́льшую часть жизни я был троечником просто потому, что предметы, которым меня обучали, не вызывали у меня интереса.

Профессиональное образование нацелено на то, чтобы научить вас работать за деньги. Другими словами, оно готовит вас к жизни в квадрантах Р и С. Когда я был еще мальчишкой, самые успевающие дети собирались стать врачами, юристами и финансистами. Те, кто учились похуже, пошли в профессиональные училища, которые готовили младший медицинский персонал, сантехников, строителей, электриков и автомехаников.

В этой области я тоже не преуспел. Поскольку в школе я не отличался особыми успехами, мне не суждено было стать ни врачом, ни адвокатом, ни бухгалтером. Я стал моряком, а потом пилотом вертолета и воевал в составе Корпуса морской пехоты во Вьетнаме. В 23 года у меня было уже две профессии — моряка и летчика, но ни одна из них не стала для меня средством зарабатывания денег.

Финансовое образование учит тому, каким образом можно заставить деньги работать на себя, а не работать самому ради денег. Если вы считаете, что такое образование можно получить в бизнес-школах, то ошибаетесь. Эти учебные заведения занимаются только тем, что отбирают талантливых молодых людей и готовят их к руководящей работе по найму для богатых людей. Другими словами, из них воспитывают высший эшелон наемной рабочей силы. Как ни крути, но это все тот же квадрант Р.

Вернувшись из Вьетнама, я решил вновь взяться за учебу, чтобы получить степень MBA, но богатый папа отговорил меня от этого. Он сказал: «Если ты окончишь стандартное учебное заведение, то станешь наемной рабочей силой для богачей. Если же ты сам хочешь разбогатеть, тебе нужно финансовое образование, которое можно получить только в реальном мире.

Необходимые умения и навыки

Стать предпринимателем, создающим бизнес в квадранте Б, очень непросто. Пожалуй, это самая трудная задача, которая может выпасть на долю любого человека. Вот почему так много людей остаются в квадрантах Р и С, где жить значительно легче. Если бы все было так просто, очень многие захотели бы переселиться в сектор Б.

Чтобы добиться успеха в бизнесе, вам необходимы технические умения и навыки, которым не учат в школе.

Возьмем, к примеру, организованность и целеустремленность.

Это не так просто, как может показаться. Люди, впервые берущиеся за сетевой маркетинг, порой испытывают полную беспомощность и растерянность, потому что они привыкли выполнять чужие распоряжения. В секторе Р вы можете отличаться исключительным трудолюбием, но у вас нет никакого опыта в постановке целей, планировании своих действий, умении расставлять приоритеты и распоряжаться собственным временем, а также в определении правильной последовательности производственных операций.

Просто диву даешься, насколько у людей отсутствуют эти основополагающие качества. Хотя, по большому счету, ничего удивительного здесь нет. В конце концов, в квадранте Р они не нужны. Однако, если вы решили перебраться в сектор Б, без них попросту не обойтись. Эти навыки так же важны, как и умение пользоваться чековой книжкой, составлять планы и анализировать финансовую отчетность.

Налоговые льготы

Люди, никогда не имевшие дела с сетевым маркетингом, нередко с большим удивлением узнают, что, даже работая на дому, они могут получить существенные налоговые льготы.

Многие слышали, что богачи пользуются всевозможными налоговыми привилегиями, которых лишены простые смертные, но, находясь в квадранте Р, они даже понятия не имеют о том, в чем заключаются эти льготы и кто имеет на них право. Поэтому то обстоятельство, что они тоже могут пользоваться такими льготами буквально с первого дня своей жизни в бизнесе и, соответственно, экономить кучу денег, является для них большим открытием.

Недавние изменения в налоговой политике и страховых программах, осуществленные в интересах малого бизнеса, значительно облегчают налоговое бремя предпринимателей и во многом даже превосходят послабления, созданные

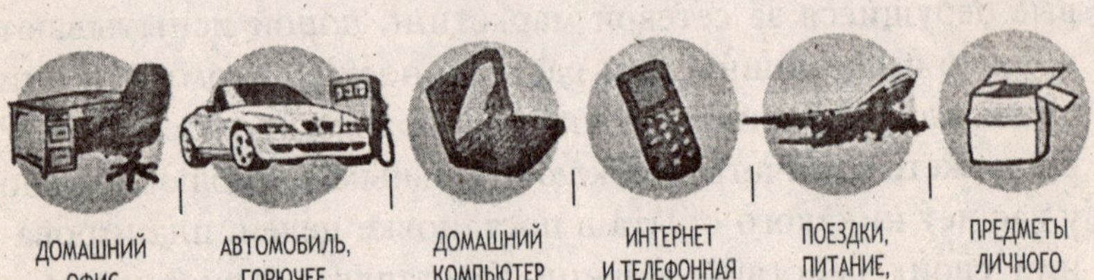

Здесь перечислены лишь некоторые вещи, на которые вам в любом случае приходится тратить деньги. Занявшись сетевым маркетингом на дому, вы сможете исключить эти суммы из налогообложения. Примечание. Данные примеры приведены лишь в качестве иллюстрации. В каждой конкретной ситуации необходимо советоваться с профессиональным налоговым консультантом.

для крупных корпораций. Начиная в свободное от основной работы время собственный бизнес в области сетевого маркетинга, вы уже имеете право пользоваться теми же льготами, что и богатые люди. У вас появится значительно больше возможностей, чем у наемных работников, для освобождения существенных сумм от налогообложения.

Так, например, вы сможете исключить из налогооблагаемой суммы расходы на обслуживание и заправку машины, а в отдельных случаях даже на посещение ресторанов и развлечения.

Разумеется, вам необходимо будет обсудить все эти возможности со своим налоговым консультантом, но вас приятно удивит то, что *оплата его услуг также вычитается из налогооблагаемой суммы!* Другими словами, правительство частично оплачивает за вас профессиональные консультации, в результате которых вы платите ему меньше налогов.

Одно из преимуществ сетевого маркетинга состоит в том, что он срывает завесу тайны с бизнеса и помогает освоиться с жизнью в квадранте Б.

Я вдаюсь во все эти подробности только для того, чтобы вы поняли, какой мощный инструмент ухода от налогов попадает в ваши руки с первого же дня основания собственного бизнеса. А ведь большинство людей об этом даже не подозревают. Они совершенно не представляют себе, на что похожа жизнь в секторе Б.

Так происходит потому, что люди в основной своей массе знают о бизнесе не больше, чем о затонувшей Атлантиде. Одно из преимуществ сетевого маркетинга состоит в том, что он срывает завесу тайны с бизнеса и помогает освоиться с жизнью в квадранте Б.

Добро пожаловать в мир реального бизнеса.

Жизненно необходимые качества

Успех в бизнесе объясняется не только наличием знаний и технических навыков. Не меньшую значимость для жизни в секторе Б имеют и чисто личные качества. Ключом к успеху здесь являются образование и умения, жизненный опыт и, самое главное, характер.

Мне, например, пришлось учиться преодолевать в себе сомнения, робость и страх перед неудачами. Кроме того, мне предстояло научиться подниматься на ноги после падений и продолжать путь. Эти качества необходимо развивать в себе, если вы хотите успешно вести бизнес в квадранте Б независимо от того, основан он на сетевом маркетинге, франшизе или собственном предприятии, созданном с нуля.

Если вы не учились этим вещам в школе и если родители не воспитывали вас в таком духе, то как же этому можно научиться? Только на практике. Но где найти бизнес, который не только предоставит вам достаточное время для образования и личного развития, но еще будет поощрять и развивать это стремление?

В сетевом маркетинге.

Джон: Интересно, Роберт, что вы всегда упоминаете об образовании как о главной предпосылке занятий бизнесом, и в ваших словах есть большая доля истины. Зачастую в сетевом маркетинге люди обучаются навыкам и усваивают личные качества, которым нигде больше невозможно научиться.

Сетевой маркетинг учит преодолевать страхи, общаться с окружающими, понимать психологию тех, кто говорит вам «нет», сохранять упорство и настойчивость даже в случае отказа.

Вот лишь несколько важных качеств, которые можно усвоить, занимаясь на практике сетевым маркетингом:

- нацеленность на успех;
- умение действовать сообразно обстоятельствам;
- умение преодолевать страх, сомнения и стеснительность;
- умение спокойно воспринимать возражения;
- навыки межличностного общения;
- умение разбираться в людях;
- умение управлять своим временем;
- чувство ответственности;
- умение ставить перед собой практичные цели;
- умение обращаться с деньгами;
- навыки инвестирования.

Хорошие компании сетевого маркетинга разрабатывают солидные учебные программы для своих представителей. И я с вами согласен: эта учеба поистине бесценна.

Трудно найти другое такое место, где вас учат, да еще и платят неплохие деньги. В любой другой ситуации вам пришлось бы выложить за подобные знания кругленькую сумму.

У нас в сетевом маркетинге действует принцип «зарабатывай, учась». Он очень верно отражает всю суть данного бизнеса. Ведь научиться что-то делать можно, только занимаясь делом, а не просиживая штаны за партой и слушая чужие разглагольствования.

Сетевой маркетинг — это школа реального бизнеса для людей, которые хотят приобрести знания и умения предпринимателя, а не наемного работника.

В сетевом маркетинге вас учат не на теоретических выкладках, а на практике. Независимо от того, сможете ли вы освоить эту науку в совершенстве и заработать большие деньги, полученные знания будут бесценны для всей вашей последующей жизни. Многие люди, пройдя подготовку и приобретя опыт в сетевом маркетинге, затем начинают заниматься другими видами бизнеса и добиваются в них серьезного успеха.

Именно поэтому я уже 10 лет рекомендую людям этот вид бизнеса. Если вы решите работать на хорошую компанию сетевого маркетинга, они не только посоветуют вам, с чего начать и как вести дела, но и будут поддерживать вас на этом пути, развивать ваши навыки и умения.

Сетевой маркетинг — это школа реального бизнеса для людей, которые хотят приобрести знания и умения предпринимателя, а не оставаться всю жизнь наемными работниками.

Глава 10

АКТИВ № 2: СОВЕРШЕНСТВОВАНИЕ ЛИЧНЫХ КАЧЕСТВ

Вы, должно быть, скажете: «Кийосаки, ты что, с ума сошел? Хватит рассказывать сказки про совершенствование души. Мы же не на сеансе групповой психотерапии. Мне надо деньги зарабатывать. Мне нужно богатство, а не вселенская гармония!»

Не торопитесь. Я не сошел с ума. Я прожженный реалист. Достижение богатства заключается не в том, чтобы опустить монетку в нужный игровой автомат. А ваша цель — это не просто поиски дополнительного заработка. Вы должны поменять свои основные принципы и ценности. Не просто усвоить новые действия, а изменить свою сущность.

Состояние моего друга Дональда Трампа составляет сегодня миллиарды долларов, но было время, когда он в результате краха рынка недвижимости потерял все, что имел. У него даже образовалась задолженность в размере 9,2 миллиарда долларов. Трамп рассказывал: «Столкнувшись на улице с нищим, я вдруг понял, что он богаче меня на 9,2 миллиарда!» И все же вскоре Дональд вновь оказался на вершине. Что ему помогло? Личные качества. Не врожденные, а те, что он воспитал в себе.

У меня тоже был схожий опыт в жизни. К 30 годам я стал миллионером. Через два года моя компания обанкротилась.

Потерять бизнес было, конечно, неприятно, но это событие стало для меня хорошим уроком. За эти несколько лет я многое узнал о бизнесе и еще больше — о самом себе.

После краха моего бизнеса богатый папа сказал мне: «Деньги и успех чрезмерно повысили твое самомнение и лишили тебя разума. А теперь, скатившись к бедности, ты вновь способен учиться».

Он был прав. Я еще не раз убеждался в том, насколько бесценен этот усвоенный мною урок. Создание, а затем потеря компании мирового масштаба дали мне реальное образование, которое в конечном итоге привело к богатству. Но, что более важно, я почувствовал себя свободным. Усвоенные знания касались не столько бизнеса и денег, сколько меня самого.

А теперь, чтобы вы лучше поняли, что я имею в виду, мы поговорим на эту тему с Джоном.

Роберт: Джон, совершенно очевидно, что не каждый занявшийся сетевым маркетингом добьется одинакового успеха. Что, на ваш взгляд, является здесь основным определяющим фактором?

Джон: Разные люди по-разному определяют понятие успеха. То, что представляется важным для одного, другому кажется пустяком. Кому-то достаточно всего лишь немного повысить уровень доходов, а кто-то ставит перед собой цель полностью изменить образ жизни. Точно так же по-разному определяется и неудача. Один человек, зарабатывая тысячу долларов в месяц, считает себя неудачником, а другой в тех же обстоятельствах уверен, что ему необычайно повезло.

Но, независимо от этого, мы знаем, что те, кто упорно продолжает заниматься сетевым маркетингом, постоянно совершенствуются и добиваются все больших результатов. На мой взгляд, неудачниками здесь можно считать только тех, кто решил бросить это занятие.

Мне хотелось бы пояснить свою мысль несколько более подробно. Я имею в виду не то, что человек просто уходит из компании по каким-то причинам, а то, что он *сдается внутренне* и не находит в себе сил продолжать заниматься сетевым маркетингом.

Мнение Джона полностью совпадает с моими представлениями. Я говорил об этом в самом начале книги. Все дело не в смене вида бизнеса, а в изменении самого себя. Я могу порекомендовать вам отличный бизнес, но для того, чтобы он развивался, вы сами должны расти.

Победитель и неудачник, живущие внутри вас

Джон точно описал разницу между человеком, который просто решил прекратить какое-то дело, и тем, кто *сдался*.

У каждого из нас, включая меня, в душе живут победитель и неудачник. Они постоянно соперничают друг с другом. Люди, в душе которых доминирует неудачник, просто существуют, вместо того чтобы успешно жить. Я же всегда стараюсь, чтобы верх одержал победитель.

Как определить момент, когда в душе просыпается неудачник? «О, я не могу себе этого позволить», «Это слишком рискованно» или «А что если не получится?» Победитель смело идет на риск, а неудачник думает в первую очередь о надежности и безопасности.

Как это ни парадоксально, но, несмотря на все заботы и тревоги, и карьера, и сама жизнь неудачника, как правило, весьма далеки от надежности и безопасности. Что же может быть надежного в том, чтобы по 40 часов в неделю работать на корпорацию, которая через несколько лет может обанкротиться? Или вкладывать свои скудные сбережения в пенсионную программу 401(k), которой управляют инвестиционные фонды, не отвечающие за результаты своей деятельности? Или отдавать деньги в распоряжение фонда, которыми руководят жулики типа Берни Мейдоффа?

Итак, в каждом из нас живут оптимист и пессимист, богач и бедняк, деятельный человек и лентяй, которому лень подняться с дивана. Между ними идет непрерывная борьба. Потому я и рекомендую заниматься сетевым маркетингом, что это направление бизнеса поддерживает в человеке победителя и активную личность, готовую взять на себя ответственность. Ваши друзья из числа неудачников хотят, чтобы вы продолжали лежать на диване, играли наверняка и спокойно работали себе по 40 часов в неделю, поскольку ваша чрезмерная активность их раздражает. Ваш спонсор в сетевом маркетинге поступает иначе: он хочет, чтобы вы росли, развивались и превосходили свои прежние достижения

Легче всего сказать: «Я не могу себе этого позволить», «Это слишком дорого», «Я не готов так много работать и идти на такой риск». Но это голос неудачника.

Не стоит слишком сильно расстраиваться по этому поводу. Пессимист живет в каждом из нас, и во мне тоже. Бывают моменты, когда он одерживает верх, по крайней мере на какое-то время. Каждое утро я решаю для себя вопрос, кто во мне сегодня проснулся: богач или бедняк, победитель или неудачник?

Эта борьба происходит постоянно.

На самом деле каждая личность содержит в себе целый спектр характеров, которые могут проявиться в любой момент. Я хочу, чтобы доминирующим был характер, который позволит мне быть счастливым человеком, внести свой вклад в судьбы мира, стремиться к духовной свободе.

Каждый раз, когда мы поддаемся страхам, сомнениям или недооцениваем себя, в нас возрождается неудачник. Учась делиться с окружающими своей точкой зрения и убеждая их в чем-то, мы заглушаем голос неудачника и позволяем победителю проявить и продемонстрировать себя.

Большинство людей не обладают умением продолжать начатое, бороться с разочарованиями и упорно идти к намеченной цели. Они просто никогда не развивали в себе эти жизненно важные качества. Они являются проявлениями образа мышления предпринимателя для квадранта Б и воспитываются в ходе занятий сетевым маркетингом.

Когда я устроился на работу в корпорацию «Xerox», мне понадобилось целых два года, чтобы пробудить в себе дух победителя. Порой я даже оказывался на грани увольнения, но, к счастью, сумел обрести уверенность в себе. Показатели моих продаж постепенно улучшались, а еще через два года я постоянно занимал по результатам первое или второе места среди всех продавцов.

Сетевой маркетинг дает вам возможность бороться со своими страхами, преодолевать их и пробуждать в себе победителя.

Уверенность в себе была для меня намного важнее зарплаты. Работа по повышению самооценки оказалась бесценной и впоследствии помогла мне заработать миллионы долларов. За это я буду вечно благодарен корпорации «Xerox» и ее сотрудникам, которые научили меня бороться с внутренними демонами, сомнениями и страхами. Сегодня я настоятельно рекомендую всем заниматься сетевым маркетингом, потому что данная отрасль воспитывает уверенность в себе ничуть не хуже, чем «Xerox».

Сетевой маркетинг дает вам возможность бороться со своими страхами, преодолевать их и пробуждать в себе дух победителя.

Но не стоит заблуждаться: один только факт того, что вы начали строить свой бизнес в сфере сетевого маркетинга, еще не означает, что живущий внутри вас неудачник остался где-то в прошлом. Потребуются годы, чтобы стать по-настоящему свободным. Мы много говорим о свободе, но можно ли обрести подлинную свободу, не став независимым в финансовом отношении? А для этого нужно много времени.

Я родился, не имея ничего. За свою жизнь я не раз зарабатывал и терял большие деньги, поэтому мне хорошо известно, что означает потерять все. У вас тоже будут моменты нелегких испытаний, когда друзья станут говорить вам: «Плюнь ты на этот сетевой маркетинг и займись нормальной работой».

Я уверен: у вас не раз возникнет искушение отдать бразды правления своему внутреннему неудачнику. Не делайте этого.

Становитесь победителем!

Летная школа

Перед тем как стать бабочками, все гусеницы плетут коконы. Таким коконом стала для меня летная школа. Я пришел в нее выпускником колледжа, а окончил уже пилотом, готовым воевать во Вьетнаме.

Если бы я пошел в гражданское летное училище, то сомневаюсь, что был бы готов к боевым действиям, хотя получил бы ту же специальность пилота. Программы подготовки военных и гражданских летчиков сильно отличаются друг от друга. Им требуются разные навыки, у них разная интенсивность подготовки, да и перспектива после выпуска оказаться на войне заставляет по-разному оценивать многие вещи.

Мне понадобилось почти два года, чтобы пройти базовую летную подготовку во Флориде. Я получил знаки отличия военного летчика, а затем был отправлен на дополнительную боевую подготовку в Кэмп-Пендлтон, штат Калифорния. Обучение здесь было намного интенсивнее. Здесь нас учили не столько летать, сколько воевать.

В течение этого года дополнительной подготовки перед отправкой во Вьетнам мы постоянно совершали полеты в условиях, которые становились тяжелым испытанием для наших умственных, эмоциональных, физических и духовных способностей.

Спустя примерно восемь месяцев после начала обучения в Кэмп-Пендлтоне во мне что-то начало меняться. Во время одного учебного полета я вдруг почувствовал, что стал, наконец, настоящим пилотом и готов отправляться на войну. До этого момента я вкладывал в полеты только разум, эмоции и физические навыки, то есть летал чисто механически, а в тот день я летал с душой. Задание было сложным и опасным, но все сомнения и страхи внезапно покинули меня, и верх над всем взял человеческий дух. Я ощущал себя одним целым с боевой машиной и испытывал полный внутренний покой. Я был готов к Вьетнаму.

Дело даже не в том, что я не ощущал страха. Мне попрежнему было не по себе от того, что я отправляюсь на войну. Я боялся умереть, а еще больше боялся остаться калекой. Но теперь я внутренне был готов воевать. Моя уверенность в себе оказалась сильнее страха.

Мое становление как бизнесмена и инвестора во многом напоминало этот процесс. Я дважды терпел крах в бизнесе, прежде чем ощутил в себе то, что называют *предпринимательским духом*. Этот дух позволяет мне спокойно чувствовать себя в квадрантах Б и И даже в тяжелые времена. Мне комфортнее оставаться на стороне Б и И, чем возвращаться в спокойные и надежные секторы Р и С.

Чтобы обрести уверенность в себе в квадранте Б, мне потребовалось около 15 лет. Вам повезло больше, чем мне, потому что не нужно будет тратить так много времени и проходить через те трудности и неудачи, через которые пришлось пройти мне. Вы можете получить то же самое образование, изменяющее жизнь, в своей «летной школе» — сетевом маркетинге.

Как деловые навыки изменили мою жизнь

Теперь, когда вы знаете о моей боевой подготовке и войне во вьетнамских джунглях, я хочу рассказать вам еще одну историю о воспитании характера. Речь пойдет о любви.

Если бы я не прошел суровую школу реального бизнеса, то вряд ли мне посчастливилось бы взять в жены женщину своей мечты. Но мне это удалось.

Когда я впервые увидел Ким, она показалось мне самой красивой женщиной в мире. От одной только мысли о том, чтобы подойти к ней, у меня затряслись поджилки и пропал дар речи. Однако полученная в ходе занятий бизнесом подготовка научила меня преодолевать страх перед неудачами и отказами. И эта подготовка оправдала себя в полной мере. Еще несколько лет назад я бы спрятался за чужими спинами и наблюдал за Ким издалека, но теперь я смело подошел к ней и сказал: «Привет».

Она повернулась ко мне и одарила своей чудесной улыбкой. Я влюбился в нее с первого взгляда. Именно о такой женщине я мечтал всю жизнь. Но когда я попытался пригласить ее на свидание, она ответила: «Нет».

Прежний Роберт Кийосаки стушевался бы и признал свое поражение. Но бизнес закалил меня, поэтому я собрал всю волю в кулак и пригласил ее еще раз. Ответом было то же самое «нет». По моему самолюбию был нанесен сильный удар, но я повторил свое предложение. И снова услышал «нет».

Так продолжалось шесть месяцев. Каждый раз она отвечала отказом. Я отползал в сторону и зализывал душевные раны. Мне было очень больно. Если бы я не научился преодолевать сомнения в своих силах, то не выдержал бы этой муки целых полгода. Но я не сдавался и наконец услышал «да». С тех пор мы больше не расстаемся.

Я рассказываю все это не для того, чтобы познакомить вас с романтической историей Роберта и Ким. Здесь заложен более глубокий смысл. Речь идет не о бизнесе и деньгах, а о жизни в целом. Ведь то, как вы зарабатываете деньги и строите свою карьеру, накладывает отпечаток и на вашу судьбу.

Глава 11

АКТИВ № 3: КРУГ ДРУЗЕЙ, РАЗДЕЛЯЮЩИХ ВАШИ ЦЕННОСТИ И МЕЧТЫ

Возможно, вам будет неприятно это слышать, но, если вы хотите создать в своей жизни собственную экономику, новые друзья понадобятся вам намного больше, чем новое место работы. Почему? Потому что те друзья, с которыми вы общаетесь в данный момент, тянут вас назад, хотя искренне любят вас и желают вам только хорошего.

Вам, вероятно, уже приходилось слышать, что ваш доход, как правило, равен среднему доходу пяти ваших ближайших друзей. И вы, вне всякого сомнения, знаете пословицу «С кем поведешься, от того и наберешься». Это касается и богатых, и бедных, и представителей среднего класса. Бедняки общаются с бедняками, богачи — с богачами, а средний класс варится в своей среде.

Богатый папа не раз говорил: «Если хочешь стать богатым, старайся иметь дело с теми, кто сам богат или может помочь тебе разбогатеть».

Многие люди всю жизнь общаются с теми, кто тянет их на финансовое дно. В сетевом же маркетинге вам придется иметь дело с людьми, которые хотят помочь вам стать богаче.

Задайте себе вопрос: «Побуждают ли меня друзья обрести богатство? Или они заинтересованы лишь в том, чтобы я продолжал работать по найму не покладая рук?»

В 15 лет я уже хотел быть независимым в финансовом плане и понимал, что для этого надо общаться с людьми, которые могут помочь мне разбогатеть. Я решил водить дружбу с теми, кто был заинтересован в моем продвижении к богатству, а не в том, чтобы сделать меня послушным наемным работником.

Этот момент стал определяющим в моей жизни. Решение было нелегким, потому что мне уже в 15-летнем возрасте надо было думать, с кем проводить время и к чьим словам прислушиваться. Если вы хотите построить собственный бизнес, вам тоже необходимо твердо решить для себя, с кем вы будете общаться и кто станет вашими учителями. Это очень важно.

Самым трудным при увольнении из корпорации «Xerox» было то, что мне пришлось расстаться с некоторыми друзьями. Большинство моих знакомых и родственников жили и работали в квадранте Р, и у них были соответствующие представления о жизни. Они ценили надежность и регулярную зарплату, а мне нужны были свобода и финансовая независимость. Поэтому пришлось принять болезненное, но необходимое решение: расти и развиваться.

Возможно, принимая решение заняться сетевым маркетингом, вам тоже придется пережить нечто подобное. Вы можете обнаружить, что ваши друзья и родственники не понимают вас и не разделяют ваших мыслей, а может быть, даже пытаются отговорить вас. Друзья будут заявлять, что вы сошли с ума и совершаете большую ошибку. Возможно, вам придется даже расстаться с такими друзьями. Мне трудно писать эти слова, потому что они звучат жестоко. Но такова суровая реальность.

При этом вы должны понимать, что сетевой маркетинг в данном случае ни в чем не виноват. Вы просто производите кардинальные изменения в своей жизни, совершая качественный переход из квадрантов Р и С в квадрант Б. Это не смена работы, а, скорее, переезд в другую страну, переход в другую религию, в другую политическую партию.

Сетевой маркетинг дает не только отличное образование в сфере бизнеса, но и раскрывает перед вами мир новых друзей, которые идут с вами в одном направлении, разделяют ваши основные принципы и ценности.

В 1623 году английский поэт Джон Донн сказал: «Нет человека, который был бы как остров, сам по себе, каждый человек есть часть материка, часть суши».

Эти слова до сих пор сохраняют свою актуальность, особенно в сегодняшней чрезвычайно сложной жизни. Невозможно стать богатым в одиночку. Вы сможете достичь лишь уровня тех людей, с которыми проводите время, беседуете, работаете и играете.

Джон: Это касается всех сторон жизни, но особенно важно в сетевом маркетинге, потому что, создавая бизнес в этой сфере, вы одновременно формируете совершенно новый круг друзей, которые усваивают те же умения и знания о реальном бизнесе, что и вы.

Это одно из больших преимуществ сетевого маркетинга. Люди здесь не конкурируют с вами за должность и зарплату, а заинтересованы в результатах вашего труда точно так же, как и вы, поскольку ваш успех необходим для их успеха. Скорее всего, многие из коллег станут вашими лучшими друзьями.

По данным Ассоциации прямых продаж, значительное количество людей, работающих в сетевом маркетинге, оценивают принадлежность к определенному кругу социального общения более высоко, чем доход, который они получают.

Вот вам и подтверждение моих слов. Сетевой маркетинг дает не только отличное образование в сфере бизнеса, но и раскрывает перед вами мир новых друзей, которые идут с вами в одном направлении, разделяют ваши основные принципы и ценности.

На мой взгляд, тот круг друзей, о котором говорит Джон, ничуть не менее ценен, чем самая лучшая бизнес-школа.

Сегодня у меня есть друзья во всех четырех квадрантах, но самые лучшие и близкие, с которыми я провожу больше времени и мнением которых особенно дорожу, — это представители секторов Б и И.

А что же с теми друзьями, которые остались в «Xerox»? Мы общаемся с ними и по сей день. Они *навсегда* останутся для меня близкими людьми, потому что олицетворяют важный период моей жизни. Просто тогда у меня возникла необходимость двигаться дальше. Если вы тоже чувствуете, что пора переходить в квадрант Б, вам, пожалуй, имеет смысл подумать о том, чтобы заняться сетевым маркетингом и начать заводить новых друзей.

Глава 12

АКТИВ № 4: СИЛА СЕТЕВЫХ СТРУКТУР

Когда в 90-е годы я серьезно заинтересовался сетевым маркетингом, мне больше всего понравилось в нем использование *сетей.* Я вспомнил, что богатый папа всегда с уважением относился к сетевым структурам.

Одним из его кумиров был Томас Эдисон. Обычно его считают изобретателем электрической лампочки, но на самом деле это не так. Эдисон не изобрел электрическую лампочку, а только улучшил и усовершенствовал ее. Но, что более важно, он понял, как сделать на этом бизнес.

После исключения из школы (учителя сочли его недостаточно способным) Эдисон начал продавать сладости и журналы в поездах. Однако вскоре он начал печатать собственную газету, а через год нанял целую команду мальчишек, которые работали на него, продавая сладости и его газеты. Из наемного работника он превратился в предпринимателя.

Сила не в продукте, а в сети, в рамках которой он производится и распространяется. Если вы хотите стать богатым, то лучшей стратегией будет создание сильной, жизнеспособной и растущей сетевой структуры.

Затем молодому Эдисону надоели газеты, и он освоил азбуку Морзе, чтобы стать телеграфистом. Добившись успеха в этой профессии, он быстро усвоил секрет, который мог сделать его миллионером. Выполняя свою работу, он понял, почему изобретение телеграфной связи оказалось таким успешным и востребованным: все дело было в системе линий передач, телеграфных столбов, обученного персонала и усилительных подстанций.

Это являлось наглядным проявлением силы сетевых структур.

Известность Эдисон приобрел благодаря экспериментам с электрической лампочкой и усовершенствованием нити накаливания, что сделало возможным широкое практическое применение данного изобретения. Однако его истинный гений проявился в создании компании, которая занялась строительством электрических сетей, позволивших широко распространить электрическое освещение. Эта компания сделала его мультимиллионером. Она носит название «General Electric».

Самым революционным элементом бизнеса Эдисона была не лампа накаливания как таковая, а система линий электропередач и трансформаторных подстанций, которая питала ее энергией. Это была *сетевая* структура.

Богатый папа говорил: «Самые богатые люди в мире строят сети, а все остальные ищут возможность поработать в них».

Кого бы из обладателей колоссальных состояний мы ни взяли, начиная от владельцев судоходных и железнодорожных компаний и заканчивая Сэмом Уолтоном, Биллом Гейтсом и Джеффом Безосом, все они строили сетевые структуры. Сэм Уолтон не производил товары. Он лишь создал сеть их поставки и распределения по супермаркетам. Билл Гейтс не изготавливал компьютеры. Он создал операционную систему, управляющую ими. Джефф Безос не публиковал книги. Он создал в интернете сетевую структуру их распространения «Amazon».

Сила не в продукте, а в сети, в рамках которой он производится и распространяется. Если вы хотите стать богатым, то лучшей стратегией будет создание сильной, жизнеспособной и растущей сетевой структуры.

Разумеется, большинству из нас никогда не стать ни Эдисонами, ни Уолтонами, ни Гейтсами. В мире не так уж много людей, способных с нуля создать сетевые структуры, оценивающиеся во многие миллиарды долларов. Нереально было бы думать, что десятки тысяч или миллионы людей могут претендовать на такие же успехи.

Именно поэтому я считаю сетевой маркетинг замечательным бизнесом. Компании, использующие в своей деятельности этот метод, предоставляют миллионам людей возможность построить собственные сети, а не тратить всю жизнь на работу в чужих.

Закон Меткалфа

Основателю компании «3Com» и создателю сети «Ethernet» Роберту Меткалфу приписывают формулу, описывающую полезность сетевого эффекта:

$$V = N^2,$$

где V означает экономический эффект, а N — количество пользователей сети.

Проще говоря, закон Меткалфа означает, что при увеличении количества участников эффект возрастает в геометрической прогрессии.

Представьте себе телефонную сеть. Если в ней только один телефон, то он не имеет никакой реальной экономической ценности — ведь в этом случае ни вы не можете никому позвонить, ни с вами никто не может связаться. Если добавить в сеть еще один телефон, то, в соответствии с законом Меткалфа, экономический эффект возрастает в четыре раза (два в квадрате), а при добавлении третьего — в девять раз. Другими словами, польза от такой сети растет не линейно, а экспоненциально.

Сетевые структуры приходят в мир бизнеса

Классическая модель бизнеса индустриальной эры напоминала империю. Всем заправляло сильное центральное «правительство», которое, невзирая на размеры компании, сохраняло всю полноту власти.

В 1950-е годы появился новый тип бизнеса, в котором управление и контроль осуществлялись не из одного центрального офиса, а через сетевые структуры. Эта модель была настолько революционной, что многие критиковали ее и конгрессу США не хватило всего 11 голосов, чтобы объявить ее не соответствующей законодательству. Тем не менее она выжила, охватывает сегодня 3 процента розничной торговли в США и продолжает распространяться по всему миру. Ее используют такие знаменитые бренды, как «Ace Hardware», «Subway» и, конечно же, «McDonald's».

Такая модель бизнеса называется франшизой (или, на английский манер, франчайзингом).

Но франшиза — это лишь один шаг на пути создания сетей в мире бизнеса, поэтому я попрошу Джона рассказать, что произошло дальше.

Джон: Роберт прав. Речь здесь идет не просто о несколько ином способе выплаты комиссионных и не о перекладывании задач по сбыту на чужие плечи. Это принципиально новый взгляд на бизнес, который отражает особенности экономики информационной эпохи, отличающейся от экономики индустриальной эры с ее централизованной массовой рекламой.

После франшизы в 60-е годы был сделан следующий шаг в развитии сетевых структур в бизнесе, который получил большое развитие в 70-е и 80-е годы. В сети объединялись уже не фирмы, а отдельные люди. Такой подход можно назвать своего рода *индивидуальной* франшизой.

Как и франшиза, этот новый вид бизнеса также поначалу попал под огонь критики, но выжил и процветает.

Данная модель бизнеса называется сетевым маркетингом.

Роберт: Кстати, необходимо сказать, что, будучи обладателем франшизы, вы являетесь частью сети, но владеете не всей сетью, а только своей конкретной фирмой. А как обстоят дела в сетевом маркетинге?

Джон: Участвуя в сетевом маркетинге, вы не просто формируете сеть, но и фактически являетесь ее владельцем, что предоставляет вам колоссальные финансовые рычаги.

Другими словами, участвуя в сетевом маркетинге, вы можете практически испытать на себе эффект закона Меткалфа.

Каким образом? Просто присоединиться к компании, работающей по принципу сетевого маркетинга, недостаточно. Это то же самое, что пытаться создать сеть из одного телефона. Чтобы закон Меткалфа начал работать, вам необходимо расширять сеть, привлекая в нее таких же, как вы, партнеров. Когда вас станет двое, экономический эффект от сети возрастет в четыре раза, а при появлении третьего участника — в девять. А если два участника, которых вы привлекли, тоже найдут по два человека, эффективность сети будет возрастать со скоростью ракеты, отправляющейся к Луне.

Попросту говоря, закон Меткалфа означает, что сеть начинает работать как рычаг, позволяя многократно умножать ваши усилия.

Древнегреческий математик и физик Архимед, которому приписывают объяснение принципа рычага, заявлял:

«Дайте мне точку опоры, и я переверну мир». Чтобы продемонстрировать поистине безграничную мощь рычага, он соорудил хитроумную систему канатов и блоков и подсоединил ее ко всем кораблям греческого флота. Когда все было готово и наблюдавшая за действием толпа стихла, Архимед взялся за одну из деревянных рукояток и потянул за нее. В результате все корабли пришли в движение!

Такова сила сети.

Благодаря системе блоков Архимеду удалось совершить то, на что в обычных условиях потребовалась бы сила нескольких тысяч гребцов. А что представляет собой эта система по сути? *Сеть.*

Именно благодаря данному феномену так быстро распространяются слухи. Один человек рассказывает новость трем. Каждый из них, в свою очередь, передает ее еще троим, и вскоре о ней знает весь город. Точно так же распространяются и модные тенденции. Стратегия, лежащая в основе сетевого маркетинга, использует закон Меткалфа для многократного умножения усилий благодаря сети участников.

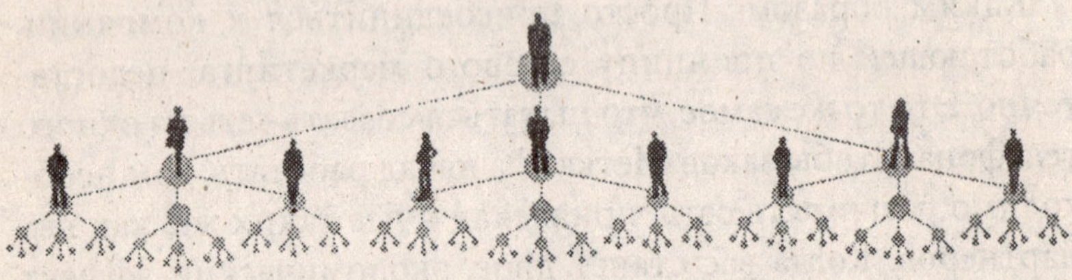

В настоящее время сетевой маркетинг является одной из самых быстрорастущих моделей бизнеса в мире, хотя данный факт проходит мимо внимания большинства людей. Почему? Потому что люди воспринимают только продукты (средства бытовой химии, предметы личной гигиены, электронную аппаратуру, финансовые и страховые услуги), но не понимают, что это еще не бизнес. Настоящий бизнес — это не продукты, а сеть, по которой они распространяются, то есть не лампочка Эдисона, а электрическая сеть.

Люди все еще не могут осознать всю ценность сетевого маркетинга, потому что он невидим. Он имеет *виртуальный*, а не материальный характер. Его не увидишь глазами, потому что в нем попросту нечего видеть. Данная модель бизнеса в наибольшей степени соответствует информационной эре. Чтобы понять ее ценность, недостаточно просто открыть глаза. Для этого надо открыть разум. Сетевой маркетинг не заманивает к себе выставленными у входа золотыми арками и зелеными русалками. Хотя распространение данной модели бизнеса по миру носит взрывной характер, основная масса людей не замечает этого.

Такие компании, как «General Motors» и «General Electric», являются порождением индустриальной эры. Франшизы типа «McDonald's», «Subway», «UPS Store» и «Ace Hardware» являются мостиками на переходном этапе от индустриальной эпохи к информационной. Что же касается сетевого маркетинга, то это настоящий бизнес для информационной эры, потому что он имеет дело не с земельными участками и материалами, заводами и рабочей силой, а с чистой информацией.

Участвуя в сетевом маркетинге, вы можете прийти к выводу, что ваша деятельность заключается в демонстрации и продаже товаров, но это не так. Вы должны доносить до потребителя информацию и создавать сеть.

Глава 13

АКТИВ № 5: РЕПРОДУЦИРУЕМЫЙ И РАСШИРЯЕМЫЙ БИЗНЕС

А вот еще один важный момент сетевого маркетинга, который вас, вероятно, удивит. Этот бизнес не для прирожденных продавцов. Несколько раньше я обещал более подробно поговорить с Джоном на данную тему, и вот это время настало.

Роберт: Джон, вы согласны с тем, что большинство людей, добившихся успехов в сетевом маркетинге, не являются прирожденными продавцами?

Джон: Я не только полностью соглашусь с вами, но и добавлю, что, наоборот, «прирожденные продавцы», чтобы добиться успеха в сетевом маркетинге, должны первым делом *забыть все, что они знают о торговле.*

Самыми преуспевающими участниками сетевого маркетинга, которых я знаю, обычно оказываются тренеры, домохозяйки, священники, учителя, то есть люди, любящие рассказывать истории и помогать окружающим. Сетевой маркетинг — это прежде всего обмен информацией и личным опытом, а не техника продаж. Кроме того, здесь очень важна забота о тех, кого вы привели в бизнес.

И это, кстати, очень хорошо, поскольку лишь один человек из двадцати имеет врожденные способности к торговле.

Ключом к успеху в продажах является то, что вы умеете делать.

Ключом к успеху в сетевом маркетинге является то, чему вы можете научить других.

Роберт: Когда я порой говорю, что этот бизнес не связан напрямую с торговлей, реакция слушателей бывает весьма скептической: «Да это же чистой воды казуистика! Есть ли существенная разница между *торговлей* и *снабжением покупателя* информацией о товаре?»

Джон: Разница есть, и главным фактором, определяющим отличие торговли от сетевого маркетинга, является так называемое репродуцирование.

Я бы ответил сомневающимся следующим образом: «Если вы потрясающий продавец, обладающий уникальными способностями и навыками продаж, то добьетесь больших успехов в торговле, но в сетевом маркетинге вас, скорее всего, ожидает неудача».

Почему? Потому что если вы так сильны в продажах, то *большинство людей в вашей сети будут не в состоянии повторить ваши действия*.

Как следствие, ваша сеть не будет расти и ее ожидает скорая кончина.

Роберт: Вы задушите ее еще в колыбели.

Джон: Совершенно верно. Я наблюдал это много раз. Мне приходилось видеть, как талантливые и творческие люди уже после первых шагов в сетевом маркетинге упираются лбом в стену, поскольку полагают, что смогут пробить себе путь к успеху благодаря личной изобретательности, таланту и уникальным умениям. Но здесь все зависит не от того, что умеете делать вы сами, а от того, что умеют делать другие участники сети.

Мне также приходилось иметь дело с некоторыми компаниями сетевого маркетинга, которые допускают серьезную ошибку, чрезмерно поощряя личные достижения в продажах и уделяя куда меньше внимания процессу взаимной передачи опыта между участниками. А ведь магическим фактором здесь является именно репродуцирование действий, а не достижения отдельных участников. Если компания этого не усвоит, у нее не будет возможности последовательно развиваться, так как она лишится своего главного потенциала — людей, репродуцирующих чужие результаты.

Роберт: Очень интересное замечание, особенно если учесть, что подобное перетягивание одеяла на себя — это пример мышления обитателя квадранта С, а не квадранта Б. Если вы действуете в квадранте С, вам волей-неволей приходится проявлять себя во всем блеске, демонстрировать свое творчество и уникальность. В секторе Б такие качества губительны.

Генри Форд создал свою промышленную империю и изменил облик планеты, основываясь вовсе не на уникальных способностях и талантах своих рабочих.

Он мог бы нанять самых лучших мастеров для ручной сборки автомобилей и стал бы производить отличные машины. Возможно, ему удалось бы продать несколько сотен экземпляров. Но вместо этого он разработал модель, в которой были задействованы самые обычные люди, вкладывавшие свое рабочее время и усилия в массовое производство миллионов машин.

Форд мыслил как истинный представитель квадранта Б.

Джон: Признаться, я не подходил к проблеме с этой стороны, но вы попали в точку. Именно так и следует мыслить, если вы хотите добиться успеха в сетевом маркетинге.

Повторю еще раз: подлинную силу сетевому маркетингу придает не то, что вы способны сделать сами, а то, что можете передать другим. Другими словами, вы должны строить свой бизнес так, чтобы перенять и скопировать его мог любой человек. Почему? Потому что такой подход и является главным принципом сетевого маркетинга, позволяющим добиваться успехов в этом виде бизнеса.

К дискуссии о репродуцировании мы еще вернемся, а пока я хочу немного поговорить о возможностях расширения бизнеса.

Информационные инструменты бесконечного расширения

То, о чем говорит Джон, можно выразить и по-другому: сила бизнеса состоит в его способности к расширению. Вы должны иметь возможность расширить свой бизнес до любого нужного вам размера.

Зачастую это становится камнем преткновения для предпринимателей.

В мире множество начинающих бизнесменов, которые создают чудесные фирмы, но их предприятия успешно функционируют, только пока они достаточно малы и их владельцы в одиночку могут контролировать все аспекты деятельности. Лишь очень немногие предприниматели способны создать такие модели бизнеса, которые могут неограниченно расширяться, *не требуя прямого участия владельца* во всех делах.

Секрет успеха основателя «McDonald's» Рэя Крока заключается в том, что для управления многочисленными филиалами он не стал набирать элитную команду из талантливых ресторатов с громадным опытом, а создал систему, позволяющую получать необходимый опыт в процессе работы.

Именно так поступают компании сетевого маркетинга. Вместо того чтобы нанимать опытных специалистов, читающих лекции, проводящих презентации и продающих товары, они включили в систему своей деятельности *информационные инструменты*. Разумеется, это произошло не сразу. Джон объяснит, как строилась данная работа.

Джон: На ранних этапах становления сетевого маркетинга люди столкнулись с непростой задачей. Научиться делать презентации действительно может каждый. Но далеко не каждый способен сделать *эффективную* презентацию. А это значит, что добиться успеха в данном бизнесе теоретически может любой, но в реальности это не так.

В те дни сетевой маркетинг действительно полагался на людей, обладающих хорошими навыками в организации презентаций, и уделял большое внимание обучению людей этим навыкам. Но, как и в случае с продажами, оказалось, что лишь немногие способны в совершенстве освоить искусство профессионального проведения презентаций, а это серьезно ограничивало возможности расширения бизнеса.

Роберт: И тогда на первый план вышли информационные инструменты?

Джон: Совершенно верно. Когда-то люди использовали в этих целях брошюры и буклеты, что позволяло добиться некоторого успеха. Если обычный человек не обладал способностями к проведению ярких презентаций, он мог вручить потенциальному покупателю брошюру или каталог. Однако буклеты и проспекты не оказывали такого воздействия и не вызывали такого интереса, как живая презентация товара.

Но в последние несколько десятилетий в сфере проведения презентаций произошел технологический прорыв.

Бурное распространение цифровых технологий создало равные условия для всех. Технические инструменты: компакт-диски, DVD и видеоролики в интернете — дают возможность вплотную приблизиться к качеству живой презентации.

Мне нравится, Роберт, что вы назвали свою книгу «Бизнес XXI века». Хотя эта модель бизнеса существует уже несколько десятилетий, она только сейчас начинает полностью раскрывать свой потенциал по причинам, которые мы с вами обсуждаем.

Если сегодня вы решили начать свой бизнес в сфере сетевого маркетинга, вам уже необязательно обладать ярко выраженными навыками публичных выступлений. Наоборот, это будет работать против вас, поскольку, повторюсь, речь идет о весьма специфическом умении, которое трудно репродуцировать.

Вместо того чтобы тратить время на совершенствование своего ораторского искусства, вы можете использовать рабочие инструменты, предоставляемые компанией, которые *проведут презентацию за вас.*

Кроме того, эти средства весьма доступны по цене, потому что, во-первых, их распространение выгодно компаниям, а во-вторых, сама технология их изготовления очень проста.

Дешевые и высококачественные носители информации и интернет дают возможность неограниченно расширять деятельность в сфере сетевого маркетинга и создавать модель бизнеса, которая допускает участие в ней миллионов людей и их совершенствование.

Вы понимаете, что это значит? Создавая сетевой бизнес, вы приобретаете актив, обладающий потенциалом роста, то есть можете расширять свой бизнес до любых пределов.

Однако прежде, чем продолжать, хочу еще раз взять на себя роль адвоката дьявола.

Роберт: Джон, я хочу задать вам вопрос, который иногда слышу от скептиков: «Значит, если от меня не требуется навыков продавца и мне не надо уметь выступать перед публикой и проводить презентации, то чем мне тогда заниматься? Зачем я в этом случае нужен компании?»

Джон: Затем, чтобы создавать сеть. Поэтому наш бизнес и называется сетевым маркетингом. Для этого вы и нужны компании, за это она вам и платит.

Ваши «должностные обязанности», если можно так выразиться, состоят в том, чтобы вступать в контакты с людьми, предлагать им на пробу продукты, которыми вы пользуетесь и которые вам нравятся, и снабжать их имеющейся информацией, а затем продолжать общение с ними. Если они решат присоединиться к вашему бизнесу, вы должны поделиться с ними своим энтузиазмом, опытом и помочь усвоить те знания и умения, которыми располагаете сами. В этом вам опять же помогут технические средства, которые снимают с ваших плеч большую нагрузку в плане проведения обучения.

В круг ваших задач входят установление отношений, проведение бесед и разъяснение возможностей, имеющихся в этом направлении бизнеса.

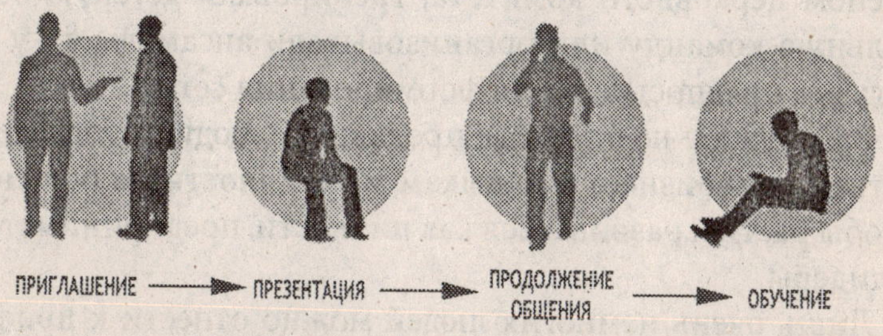

В сетевом маркетинге существуют компоненты, в которых вам необязательно быть экспертами. Это презентации и отчасти обучение новичков — функции, осуществление которых берут на себя технические средства. Но есть и такая часть работы, с которой никто, кроме вас, не сможет справиться, в частности установление и развитие взаимоотношений с людьми.

Поэтому у нас в сетевом маркетинге зачастую говорят, что вы являетесь *носителем послания, а не самим посланием.*

Ушли в прошлое те дни, когда вам надо было повсюду таскать с собой тяжелую сумку с образцами, устраивать у себя дома целый склад продукции и заучивать на память длинные перечни ее свойств и финансовых параметров. Наступил XXI век, все это делается с помощью технических средств, ваша задача заключается лишь в том, чтобы устанавливать контакты с людьми и предлагать им участие в данном бизнесе.

Кстати, все это не означает, что вам не нужно иметь вообще никаких умений. Вам абсолютно необходимо развивать в себе навыки, которые мы обсуждали, рассматривая актив № 1: уверенность в себе, умение переносить и преодолевать неудачи, общаться с людьми, быть хорошим рассказчиком, заботиться об окружающих и т. д.

Но эти навыки доступны каждому человеку. Если вы когда-либо пытались собрать футбольную команду, входили в школьный родительский комитет, устраивали шахматный турнир, участвовали в политической кампании, были членом церковного комитета, тренировали детскую бейсбольную команду или организовывали ансамбль, то у вас есть все предпосылки для формирования сети.

Вам нужны не опытные продавцы, а люди, готовые обучаться азам бизнеса и навыкам межличностного общения, чтобы расти и развиваться как личности, предприниматели и лидеры.

Лишь очень немногих людей можно отнести к профессионалам в сфере продаж, но зато практически все могут освоить умения, необходимые для формирования сети и обучения новичков. Это значит, что сетевой маркетинг открыт для сотен миллионов людей — таких же, как вы.

Данный бизнес можно считать вполне поддающимся репродуцированию и расширению. Когда ваша сеть вырастет до пяти, а потом и до 50 человек, у вас появятся навыки, которые впоследствии позволят вам расширить ее до 500, 5 тысяч и т. д.

Все это подводит нас к понятию *лидерства*.

Глава 14

АКТИВ № 6: СИЛЬНЫЕ ЛИДЕРСКИЕ КАЧЕСТВА

Вплотную занявшись изучением сетевого маркетинга, я посещал множество встреч и других мероприятий, где слушал выступления людей о том, как им удается вдохновлять других на поиски своего пути к личному совершенствованию.

Слушая истории о том, как они начали с нуля и достигли благосостояния, о котором не смели и мечтать, я понял, что сетевой маркетинг сыграл в их жизни ту же роль, что и богатый папа в моей: не просто обучил их каким-то принципам ведения бизнеса, но и сформировал из них лидеров.

Хотя могло создаться впечатление, что выступающие говорят главным образом о деньгах, на самом деле они призывали окружающих выбраться из своих раковин, оставить позади все страхи и смело двинуться навстречу своей мечте. А для этого необходимы хорошие лидерские качества. Ведь очень многие повторяют одни и те же заезженные слова о мечтах, о необходимости больше времени проводить с семьей, о свободе, и только единицы внушают окружающим доверие и вдохновение, мотивируя следовать за ними.

Дело не в том, чтобы заучить и постоянно повторять правильные слова, а в том, чтобы они брали людей за душу. Здесь, кроме слов, требуется нечто большее — лидерские способности.

Лидерство — это сила, способная собрать все части в единое целое. Только настоящему лидеру под силу построить сильный бизнес.

Вы можете возразить, что лидерские качества можно было бы включить в актив № 1 (знания о бизнесе в реальном мире) или в актив № 2 (совершенствование личных качеств). И действительно, лидерство присутствует в обоих случаях, но умение вести людей за собой представляет собой настолько ценное, мощное и редкое качество, что по праву может считаться самостоятельным активом и заслуживает отдельной главы.

Все деловые качества являются важными компонентами, но лидерство — это сила, способная собрать все части в единое целое. Только настоящему лидеру под силу построить сильный бизнес.

Слова, обращенные к сердцу

В 50-е и 60-е годы одним из самых ярких ораторов был Джон Кеннеди. Когда в мае 1961 года он сказал, что еще до конца нынешнего десятилетия США отправят человека на Луну, ученые еще не представляли себе, каким образом это можно сделать. Это было чрезвычайно амбициозное и смелое заявление. И все же американцы это сделали. Хотя Кеннеди убили менее чем через три года, его лидерские качества оказались настолько яркими, что сохранили свою силу даже после смерти. США реализовали эту цель, несмотря на злодейское убийство, несмотря на катастрофу во Вьетнаме, которая расколола нацию надвое, несмотря на то, что власть после смерти Кеннеди досталась в 1968 году его извечному противнику Ричарду Никсону.

Человек ступил на поверхность Луны еще до окончания десятилетия — в 1969 году.

Вот что такое лидерство. Это сила, заставляющая всех поверить в реальность мечты. Великие лидеры способны свернуть горы.

Во Вьетнаме я понял, что настоящие лидеры — это не те, кто криками и пинками гонит солдат в бой. Ими зачастую оказывались тихие и спокойные люди, чьи слова, сказанные в самый разгар боя, доходили до самого сердца.

Деньги приходят в бизнес благодаря настоящим лидерам, а не лучшим продуктам и услугам.

Все великие лидеры были прекрасными рассказчиками, способными настолько живо передать окружающим свою мечту, что те могли увидеть ее воочию. Возьмите, к примеру, Иисуса Христа, Будду, мать Терезу, Ганди, Мухаммеда. Лидерство означает умение общаться с людьми.

Деньги приходят в бизнес благодаря настоящим лидерам, а не лучшим продуктам и услугам. Компания, не умеющая рассказать о своей деятельности, очень быстро оказывается вне бизнеса, несмотря на все свои изобретения. Когда я вижу фирму, испытывающую финансовые трудности, то чаще всего оказывается, что ее лидер не способен донести до окружающих свое видение целей. Возможно, он и умный человек, но не умеет общаться с людьми.

Лидерские качества, необходимые для квадранта Б, очень сильно отличаются от управленческих навыков в секторах Р и С. Поймите меня правильно. Управлять людьми тоже надо уметь, но между управлением и лидерством есть большая разница. Руководитель не всегда бывает лидером, а а лидер далеко не всегда находится на руководящей должности.

Я знаю многих людей, работающих в квадранте С. Это специалисты и владельцы малых предприятий, которым хотелось бы расширить свой бизнес, но у них ничего не получается. Причина здесь только одна: им не хватает лидерских качеств. За ними никто не хочет идти. Их слова не вызывают у работников ни доверия, ни вдохновения. Мне также доводилось встречать менеджеров среднего звена, у которых никак не складывалась карьера, потому что они не умели общаться с подчиненными. В мире также немало людей, которые живут в одиночестве и никак не могут встретить свою вторую половинку. Как правило, причина состоит в том, что они не могут донести до окружающих, какие они, в сущности, хорошие люди.

Общение пронизывает всю нашу жизнь, и именно этому главному умению учит нас сетевой маркетинг.

Лидеры сетевого маркетинга иногда называют себя «высокооплачиваемыми рассказчиками». Пожалуй, это одни из самых высокооплачиваемых рассказчиков, потому что они умеют рассказывать истории *лучше* других.

Начав посещать семинары по сетевому маркетингу, я познакомился с некоторыми чрезвычайно успешными предпринимателями, которые начали свой бизнес с нуля. Многих из них с полным правом можно назвать выдающимися наставниками, поскольку они учат окружающих, основываясь не на теории, а на собственном опыте. Сидя на семинарах, я постоянно ловил себя на том, что одобрительно киваю в ответ на слова этих людей, потому что они говорили о самых необходимых качествах, позволяющих выживать в мире реального бизнеса.

После семинаров я нередко вступал в беседы с инструкторами, и меня поражало то, какие высокие доходы они имеют, причем не только от своего бизнеса, но и от инвестиций. Некоторые из них зарабатывали значительно больше, чем руководители крупных американских корпораций.

Но больше всего меня впечатляло то, что эти инструкторы, которые, будучи богатыми людьми, не нуждались в том, чтобы зарабатывать еще и на семинарах, все же с огромным энтузиазмом учили слушателей и помогали им.

Я начал понимать, что основу сетевого маркетинга составляют лидеры, увлекающие людей за собой, а традиционный корпоративный и государственный бизнес довольствуется тем, что продвигает по карьерной лестнице лишь немногих, в то время как основная масса работающих довольствуется только ежемесячной зарплатой. Инструкторы сетевого маркетинга не говорили: «Если вы будете плохо работать, мы вас уволим». Напротив, от них я слышал только: «Я хочу помочь вам работать лучше. До тех пор пока вы готовы учиться, можете на меня рассчитывать. Мы в одной команде».

Особый тип лидеров

Многие люди обладают лидерскими качествами, но никак их не проявляют. У них просто нет такой возможности. Богатый папа хорошо это понимал. Именно поэтому он поддержал мое желание служить в Корпусе морской пехоты и участвовать в боевых действиях во Вьетнаме. Он был уверен, что это поможет воспитать во мне лидерские качества.

Однако для того, чтобы открыть в себе лидера, совсем необязательно записываться на службу в морскую пехоту. Эту возможность можно получить, занимаясь сетевым маркетингом, достоинство которого заключается в том, что его учебные программы развивают в вас качества не просто лидера, а лидера особого типа.

Сетевой маркетинг воспитывает в человеке особый тип лидера — наставника, который, в свою очередь, готовит новых наставников, помогающих людям идти к своей мечте.

Армия готовит лидеров, вдохновляющих солдат на защиту родины. Бизнес готовит лидеров, формирующих сильные команды, способные победить конкурентов. Сетевой маркетинг воспитывает в человеке особый тип лидера — наставника, который, в свою очередь, готовит новых наставников, помогающих людям идти к своей мечте.

Большинство лидеров сетевого маркетинга вдохновляют людей не на борьбу с врагом или конкурентами, а на достижение собственного финансового благополучия и обучение этому других. Главное, чтобы все остальные при этом не оставались в убытке.

Возможность развить в себе лидерские способности — это одно из уникальных преимуществ сетевого маркетинга. Разумеется, этому можно научиться и в других сферах деятельности (от военной и государственной службы до работы в крупных компаниях), но их не так уж много. За пределами сферы сетевого маркетинга истинное лидерство встречается весьма редко.

Джон может объяснить, почему так происходит.

Джон: Уникальной чертой сетевого маркетинга является то, что вся структура здесь состоит исключительно из добровольцев.

Во всей сети вы не найдете ни одного дистрибьютора, который был бы обязан вовремя приходить на работу и заниматься делом положенное количество часов. Они независимые представители, и никто не может ни нанять их на работу, ни уволить. Никто не может указывать им, что делать.

Почему же тогда эта структура функционирует? Что приводит в движение весь механизм? Ответ умещается в одном слове — лидерство.

Лидерские качества, которые вы в себе разовьете, занимаясь сетевым маркетингом, принесут вам большую пользу во всех сферах жизни.

Четыре элемента лидерства

Традиционная школа делает из вас хорошего наемного работника, развивая только одну сторону вашей личности — умственные способности. Считается, что умение решать уравнения и успешно выполнять контрольные тесты является признаком готовности к управлению компанией.

Но это смешно.

Я стал успешным предпринимателем благодаря подготовке, полученной в морской пехоте. Военные учебные заведения готовят лидеров, обращая внимание не только на умственные, но также на эмоциональные, физические и духовные способности. Они учат действовать в условиях экстремального стресса.

У меня в любом случае хватило бы ума для того, чтобы научиться пилотировать вертолет, но я не смог бы воевать на нем во Вьетнаме, если бы предварительно не развил в себе духовные качества. В этом случае меня охватил бы страх (эмоциональный фактор) и я бы застыл, будучи не в силах пошевелиться (физический фактор). Лишь гармоничное взаимодействие четырех элементов (умственного, эмоционального, физического и духовного) позволяло мне выполнять боевые миссии.

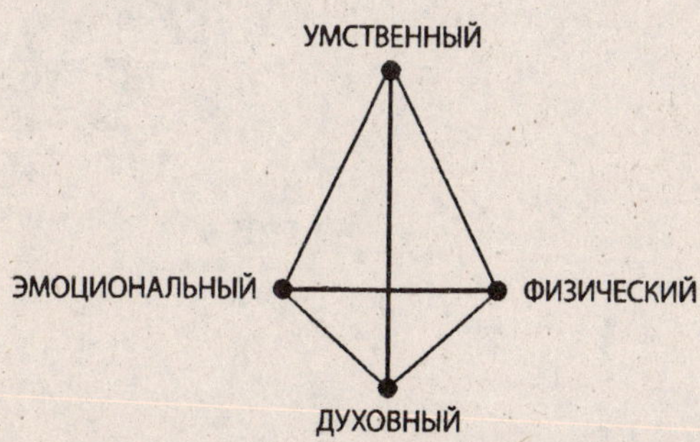

Все это вооружило меня знаниями и навыками, необходимыми для того, чтобы стать хорошим лидером в мире бизнеса, в котором для успеха точно так же требуются дух, разум, физическая готовность и эмоции.

Не умея управлять этими четырьмя аспектами своей личности, вы потерпите неудачу. Точно так же неудача ждет вас и в случае, если вы не можете развить упомянутые элементы в своих подчиненных, чтобы воспитать из них эффективных лидеров. Всё очень просто.

В военных училищах развивают еще один полезный навык. Когда вы находитесь на линии огня, вас не слишком заботит, нравитесь вы кому-то или нет. Конечно, все мы хотим нравиться окружающим, но для того, чтобы стать настоящим лидером, необходимо устанавливать определенные рамки общения, следить за поведением подчиненных и в случае необходимости принимать корректирующие меры. Иногда приходится и устраивать кому-то взбучку. Без этого не обойтись. Но в результате формируется прекрасная команда, каждый из членов которой понимает, чего от него ожидают и где находится предел терпения начальника.

Глава 15

АКТИВ № 7: МЕХАНИЗМ СОЗДАНИЯ ПОДЛИННОГО БОГАТСТВА

Томас Джефферсон и Джон Адамс, двое из трех авторов Декларации независимости, всю жизнь были друзьями, хотя порой между ними возникали весьма серьезные разногласия. По темпераменту они представляли собой полную противоположность друг другу и в какой-то момент даже оказались непримиримыми политическими соперниками, придерживавшимися диаметрально противоположных взглядов. Несколько лет второй и третий президенты США не разговаривали друг с другом, но в последние годы жизни помирились, и их переписка в этот период входит в сокровищницу американской литературы.

Они умерли в один день — 4 июля 1826 года — спустя 50 лет после подписания Декларации независимости, над созданием которой работали вместе с Бенджамином Франклином.

Есть еще один любопытный факт, отражающий отношение Джефферсона и Адамса к деньгам.

Джефферсон был классическим виргинским аристократом и владельцем огромного поместья в несколько тысяч акров. Адамс происходил из довольно бедной крестьянской семьи и работал адвокатом в Массачусетсе. Заработки у него были весьма скудные. И все же к моменту смерти состояние Адамса составляло около 100 тысяч долларов, а на Джефферсоне в это же время висел примерно такой же *долг.*

Деньги не являются синонимом богатства. Богатство измеряется не размером доходов, а временем.

У Джефферсона были деньги и имущество, но они утекли у него сквозь пальцы. У Адамса никогда не было больших денег, он жил очень скромно, но зато понимал, из чего складывается богатство.

Одной из главных причин, побудивших меня написать данную книгу, было желание объяснить вам разницу между деньгами и богатством. Почему почти все выигравшие в лотерею миллион долларов уже через три года остаются без гроша в кармане? Потому что свалившиеся с неба *деньги* не принесли им знаний о *богатстве.*

Деньги не являются синонимом богатства. Богатство измеряется не размером доходов, а временем. Если у меня есть тысяча долларов, а ежедневные расходы составляют 100 долларов, то мое богатство равно 10 дням. Таким образом, богатство измеряется количеством времени, которое вы можете прожить не работая. Спросите себя: «Сколько я смогу прожить, если сегодня брошу работать?» Ответ на этот вопрос покажет, насколько вы богаты в данный момент.

Вообще-то данное определение нуждается в уточнении. Богатство измеряется количеством времени, которое вы сможете прожить при сохранении прежнего образа жизни.

Причина, по которой богатые становятся все богаче, заключается в том, что они работают не ради денег, а ради богатства. Между этими понятиями существует большая разница.

Одно из самых главных достоинств сетевого маркетинга, которого очень многие не могут полностью осознать, — это его способность создавать богатство.

Мой личный путь к финансовой свободе

Мы с Ким смогли отойти от дел в достаточно молодом возрасте и теперь не нуждаемся ни в работе, ни в государственных пособиях, ни в торговле акциями или паями инвестиционных фондов. Почему мы отказываемся от ценных бумаг? Потому что считаем их очень рискованным вложением денег. На мой взгляд, инвестирование во взаимные фонды — это самое рискованное, что только можно предпринять с деньгами.

В свое время мы составили небольшой план, который давал нам возможность отойти от дел молодыми и богатыми. Его выполнение заняло у нас девять лет — с 1985 по 1994 год. В начале этого пути у нас не было ничего, а в конце мы были полностью свободны в финансовом плане, хотя у нас на руках не было ни одной акции и ни одного пая инвестиционного фонда.

Вот этот план:

1. Создание бизнеса.
2. Реинвестирование в бизнес.
3. Вложение денег в недвижимость.
4. Приобретение предметов роскоши.

Давайте рассмотрим все пункты по порядку.

1. Создание бизнеса

Наличие собственного бизнеса позволяет получать большой доход. Кроме того, законы США благоприятствуют людям, получающим доходы в квадранте Б, и весьма суровы по отношению к тем, кто зарабатывает деньги в секторе Р.

Бизнес похож на ребенка. Для того, чтобы он вырос, нужно время. Оно может быть больше или меньше, но обычно составляет около пяти лет.

2. Реинвестирование в бизнес

Самое главное в этом процессе — не использовать свой бизнес как источник средств к существованию. Такую ошибку допускают многие из начинающих участников сетевого маркетинга. Как только у них начинают появляться доходы от нового бизнеса, они тут же используют их для повышения своего уровня жизни: покупают вторую машину, новый дом, совершают дорогие путешествия и т. п.

Почему люди так поступают? Вовсе не потому, что они идиоты. Мне не раз встречались очень умные и информированные люди, которые тоже используют подобный сценарий. Причина здесь только одна: они по-прежнему живут, дышат и мыслят в рамках *квадранта Р*. Если вы хотите стать богатым, необходимо и свою голову переместить в правую часть — туда, где находятся секторы Б и И.

Во-первых, не увольняйтесь с нынешней работы. Ваша цель не в том, чтобы заменить работу бизнесом. В этом случае у вас будет не бизнес, а просто новая работа. Так вы никогда не создадите богатства. Как только ваш новый бизнес начнет приносить какие-то деньги, сразу же переходите ко второму шагу — реинвестируйте полученный доход в бизнес, чтобы он быстрее развивался и рос.

«Но я не хочу оставаться на прежней работе. Я ее ненавижу! Разве для этого я начал заниматься бизнесом? Я не хочу больше быть наемным работником!»

Причина, по которой многие люди не достигают большого богатства в бизнесе, заключается всего лишь в том, что они не реинвестируют полученные доходы.

Все это правильно. Вы хотите выбраться из квадранта Р и уволиться с работы. Возможно, вы ненавидите свою работу. А может быть, вам, как и большинству других специалистов, нравится то, что вы делаете, но не хочется заниматься этим по 40, 50 или 60 часов в неделю. Но, каковы бы ни были причины, можно утверждать одно: расходуя получаемый доход на свои повседневные нужды, бизнес вы не построите. Он превратится у вас в очередную работу.

Настоящий бизнесмен никогда не прекращает вкладывать деньги в развитие своего дела. Причина, по которой многие люди не достигают большого богатства в бизнеса, заключается всего лишь в том, что они не реинвестируют полученные доходы.

Как обстоят с этим дела в сетевом маркетинге?

Джон: В традиционном бизнесе деньги могут инвестироваться в строительство нового склада, проведение рекламной кампании, разработку новых видов продукции или создание новых каналов сбыта. Но в сетевом маркетинге подобного рода расходы отсутствуют. Все эти инвестиции уже сделаны за вас.

Во что же тогда вкладывать средства в сетевом маркетинге? Прежде всего в учебу и образование, в поездки в другие города с целью расширения сети, в информационные и рекламные материалы о продукции.

Правда, сетевой маркетинг — это такой вид бизнеса, в котором от вас требуются вложения не столько денег, сколько личного *времени и усилий*.

Это значит, что значительная часть доходов остается в вашем распоряжении для накопления богатства. Заметьте, я говорю о *накоплении* богатства, а не о его растранжиривании.

Не повторяйте ошибок, которые мне часто приходится наблюдать. Не тратьте каждый доллар из полученных доходов на покупку более дорогой машины, строительство нового дома, повышение уровня жизни. Не зарывайте свой капитал в землю. Уважайте заработанные деньги и инвестируйте их.

3. Вложение денег в недвижимость

По мере роста доходов от бизнеса начинайте вкладывать излишки в покупку недвижимости.

Заметьте, что в моем плане нет никаких инвестиционных фондов, пакетов акций и других бумажных активов. Хотя приобрести такие активы очень легко (достаточно просто выложить за них деньги), торговля ими является очень рискованным занятием, требующим основательного финансового образования. Кроме того, доходы от такого рода деятельности облагаются высоким налогом на прирост капитала. Лучше использовать излишки денег на приобретение активов, создающих постоянный доход.

Существует множество видов подобных активов, но обычно я рекомендую недвижимость, и для этого есть две причины.

Во-первых, налоговое законодательство предусматривает льготы для бизнесменов, вкладывающих деньги в недвижимость.

Во-вторых, банкиры с удовольствием дают кредиты на приобретение недвижимости. Попробуйте попросить в своем банке кредит на 30 лет под 6,5 процента годовых на покупку паев инвестиционных фондов или акций — и вас высмеют при всем честном народе.

Люди часто спрашивают: «Как же мне купить дополнительную недвижимость, если я едва свожу концы с концами, выплачивая кредит за собственное жилье?» Хороший вопрос. Вам действительно не удастся сделать это до тех пор, пока у вас не появятся излишки доходов. Именно поэтому инвестиции в недвижимость осуществляются только *после* того, как ваш бизнес встанет на ноги и у вас появятся излишки доходов после реинвестирования.

Но позвольте объяснить, что я имею в виду, говоря об инвестициях в недвижимость, так как многие считают, что недвижимость надо покупать с целью последующей перепродажи по более высокой цене. Это неправильно. Это то же самое, что купить корову и продать ее на бифштексы. Лучше содержать корову и продавать молоко.

Цель покупки недвижимости заключается не в ее перепродаже, а в создании актива, приносящего постоянный доход.

Чтобы этому научиться, необходимы время, знания, опыт и деньги. Как и в любом новом деле, здесь трудно избежать ошибок, а ошибки в сфере недвижимости (особенно в управлении ею) могут оказаться очень дорогостоящими. Если у вас нет иных источников постоянного дохода и налоговых льгот в квадранте Б, то вложение денег в недвижимость — это достаточно рискованное занятие, к тому же не дающее немедленной отдачи.

Одна из основных причин, по которым людям не удается добиться успеха с недвижимостью, заключается в отсутствии необходимого начального капитала. Действительно, сделки с недвижимостью обычно бывают дорогостоящими. Если денег у вас мало, то вам достанутся не самые лучшие объекты, то есть такие, от которых отказались те, кто располагает нужными средствами.

Многие охотятся за сделками, в которых не требуется вносить авансовый платеж (как раз по причине отсутствия средств), но если у вас нет должного опыта, такие инвестиции могут оказаться самыми дорогостоящими в вашей жизни.

4. Приобретение предметов роскоши

На протяжении многих лет мы с Ким продолжали жить в маленьком доме, за который ежемесячно платили по 400 долларов, и ездили на старых машинах, хотя получали достаточный доход, чтобы позволить себе нечто большее.

5 Зак. 2864

Все излишки денег мы вкладывали в развитие бизнеса и инвестировали в недвижимость.

Сегодня мы живем в большом доме и у нас шесть дорогих машин, но их покупали не мы, а наши активы.

Говоря о «предметах роскоши», я не имею в виду что-то экстравагантное и сверхъестественное. Речь идет о вещах, которые вы хотите иметь и которые доставляют вам радость, но без которых вполне можно жить.

Приведу пример: представьте себе знакомого, который ненавидит свою работу, но вынужден трудиться, чтобы кормить семью. Что он, по-вашему, ответит, если вы спросите, почему он не увольняется?

«Я бы с удовольствием, но не могу позволить себе такой роскоши».

И это действительно так. Для многих людей отсутствие необходимости работать — это большая роскошь. Что нужно для того, чтобы обладать ею? То же самое, что и для покупки других предметов роскоши: излишек доходов, получаемых от собственного бизнеса или инвестиций в недвижимость. Для этого у вас должно быть достаточное количество активов, приносящих доход.

Вам понятно, как это работает?

Вам не придется закладывать свой дом, чтобы приобрести какой-то предмет роскоши. На заработанные деньги вы приобретаете активы: собственную фирму и недвижимость, — а уж они, в свою очередь, обеспечат вас средствами для покупки всего, о чем вы мечтаете.

И это подводит нас к такой теме, как мечты.

Глава 16

АКТИВ № 8: БОЛЬШИЕ МЕЧТЫ И ВОЗМОЖНОСТЬ ИХ РЕАЛИЗОВАТЬ

Одним из самых ценных качеств компаний сетевого маркетинга является то, что они поддерживают у своих участников желание воплощать свои мечты в жизнь. Заметьте, я говорю не «мечтать», а «воплощать в жизнь». Компании не просто хотят, чтобы вы мечтали, а поощряют стремление к реализации мечты.

Более того, они призывают вас мечтать *шире*. Еще только начав серьезно знакомиться с сетевым маркетингом, я заметил, что мои мечты вдруг стали масштабнее и выше, чем когда-либо раньше.

Традиционный бизнес зачастую не склонен поощрять слишком смелые мечты. Он предпочитает более скромные планы: короткий летний отпуск, приобретение небольшого таймшера, хобби в свободное время, игра в гольф по субботам и все такое прочее.

Я не говорю, что это плохие мечты, просто они несколько мелковаты.

В детстве я часто слышал от родителей: «Мы не можем себе этого позволить». А вот богатый папа запрещал своему сыну и мне подобные высказывания и настаивал на том, чтобы мы задавали себе вопрос: «*Что* надо сделать, чтобы позволить себе это?»

Казалось бы, между этими двумя фразами не такая уж большая разница, но она является определяющей. Переход на новый уровень мышления, помноженный на опыт, восприятие и решимость, ведет вас на тысячи миль дальше, чем прежние привычные мысли. Взяв в привычку задавать себе вопрос «Что надо сделать, чтобы позволить себе это?», вы научитесь мечтать и планировать более масштабно и поверите, что ваши планы могут осуществиться.

Если же вы будете по-прежнему считать, что «не можете себе этого позволить», ваши мечты умрут, как пламя свечи под мокрой тряпкой. В мире и без вас найдется немало людей, которые постараются развеять ваши мечты. Разумеется, они не желают вам ничего плохого, но их слова, произнесенные даже с самыми добрыми намерениями, оказывают губительное воздействие:

«Тебе это не по силам».

«Это слишком рискованно. Знаешь, сколько людей уже пробовали это до тебя?»

«Не будь дураком. Откуда у тебя появилась такая идея?»

«Если это такая хорошая затея, то почему другие до нее не додумались?»

«Я пытался сделать это много лет назад. Давай я расскажу тебе, почему ничего не получится».

Подобные слова убивают мечты, и знаете что я заметил? Люди, произносящие их, сами, как правило, уже давно распрощались со своими мечтами.

Чтобы получить возможность купить большой дом, надо наряду с желанием, учебой, стремлением проявить себя по максимуму еще и постоянно меняться самому.

Оказавшись на финансовой мели, мы с Ким пообещали друг другу, что, когда у нас будет больше миллиона долларов, мы купим себе большой дом. Так и случилось. Нам очень нравилось жить в этом доме, но важен был не сам дом и даже не то, что мы смогли его купить. Важнее всего для нас было, *кем мы стали* за это время.

Чтобы получить возможность купить большой дом, надо наряду с желанием, учебой, стремлением проявить себя по максимуму еще и постоянно меняться самому.

«Люди, которым свойственны мелкие мечты, и живут мелко», — учил меня богатый папа.

Все люди мечтают, но каждый по-своему. Богатый папа говорил, что существует пять категорий мечтателей:

- люди, у которых все мечты остались в прошлом;
- люди с маленькими мечтами;
- люди, которые реализовали свою мечту и не знают, чем заняться дальше;
- люди, у которых большие мечты не сопровождаются планами по реализации;
- люди, воплотившие в жизнь большую мечту и продолжающие мечтать дальше.

Люди, у которых все мечты остались в прошлом

Такие люди живут только прошлым. Они постоянно рассказывают истории о том, как учились в колледже, служили в армии, играли в школьной футбольной команде, работали в молодости на ферме. Стоит только заговорить с ними о будущем, как они качают головой и говорят: «Нет, жизнь теперь совсем не та стала».

Человек, у которого все осталось в прошлом, по сути, уже и не живет. Нет, он, конечно, не умер, но и настоящей жизнью это назвать нельзя. Разбудить его могут только воспоминания о минувших днях.

Люди с маленькими мечтами

Некоторые люди сознательно ограничивают масштаб своих планов и замыслов, чтобы быть уверенными в том, что их можно воплотить в жизнь. Как ни странно, но многие из них так и остаются нереализованными. Почему? Трудно сказать. Возможно, все дело в том, что человек подсознательно чувствует, что после того, как он совершит задуманное, ему не о чем будет мечтать.

Другими словами, такие люди считают, что лучше жить тихо и скромно, чем рисковать. На склоне лет они частенько говорят: «Знаешь, я мог бы многого добиться, но все както руки не доходили».

Однажды я спросил одного такого человека: «Куда бы вы отправились в путешествие, если бы располагали неограниченными деньгами?»

«К сестре в Калифорнию, — ответил он. — Я не видел ее уже 14 лет, и мне бы хотелось встретиться с ней, пока ее дети окончательно не выросли. Это был бы мой лучший отпуск».

В то время поездка обошлась бы ему примерно в 500 долларов. Я сказал ему об этом и поинтересовался, почему он до сих пор так и не съездил к сестре. Он ответил: «Я обязательно съезжу когда-нибудь, но сейчас очень много дел». Другими словами, этот человек предпочитает мечтать о лучшем отпуске своей жизни, вместо того чтобы просто взять и поехать.

Богатый папа говорил, что такие мечтатели опаснее всего.

«Они, словно черепахи, прячутся в панцирь своих уютных комнат. Если попытаться выманить их оттуда, они могут высунуться и укусить».

Вывод: пусть эти черепахи и дальше дремлют в своем панцире. Они никуда не спешат, и их, похоже, это вполне устраивает.

Люди, которые реализовали свою мечту и не знают, чем заняться дальше

Как-то один знакомый сказал мне: «Двадцать лет назад я мечтал стать врачом и стал им. Работа мне нравится, но жить стало скучно. Хочется чего-то большего».

Скука обычно является признаком того, что настало время отправиться в путь к новой мечте.

Богатый папа говорил: «Много людей работают по профессии, о которой мечтали еще в школе. Но проблема в том, что школьные годы остались далеко позади. Пора подумать о чем-то новом».

Люди, у которых большие мечты не сопровождаются планами по реализации

Думаю, такие знакомые найдутся у каждого из нас. Они говорят: «Ты знаешь, у меня возникла великолепная идея. Давай я тебе расскажу о ней», «У меня начинается новая страница жизни», «Сейчас я как следует возьмусь за работу, расплачусь с кредитами и начну инвестировать» или «Я слышал, у нас в городе появилась новая компания, которая ищет людей как раз моей квалификации. Для меня это может стать настоящим прорывом».

Богатый папа говорил: «Они стремятся к высоким целям, но думают, что это произойдет само собой. Так бывает очень редко. Надо не только мечтать о великом. Необходимо также составить план и найти команду, которая поможет его выполнить».

Люди, воплотившие в жизнь большую мечту и продолжающие мечтать дальше

Думаю, что большинство из нас хотели бы принадлежать к этой категории. Лично мне этого хотелось бы. А вам?

огатый папа говорил: «У больших людей большие меч-, а у маленьких — маленькие. Если хочешь вырасти, нач-и с того, чтобы повысить уровень своей мечты».

Как вы знаете, в свое время я разорился до такой степени, что мне пришлось жить вместе с невестой в машине. Я знаю, каково это. Но *банкротство*, в отличие от бедности, представляет собой временное состояние. Бедность — это образ мышления. Вы можете стать банкротом, но сохранять богатство духа, свои амбиции, смелость и решимость. Большие мечты ничего не стоят. Они обходятся вам совершенно бесплатно. Сколько бы раз вы ни разорялись, бедным вы становитесь лишь в том случае, когда отказываетесь от своей мечты.

Уникальной чертой сетевого маркетинга можно считать то, что ваши мечты не ограничиваются теми, которые исполняются только через 40 лет, или только в течение нескольких недель года, или только по воскресным дням. Организовывая свой бизнес в сетевом маркетинге, вы с первого же дня начинаете претворять в жизнь свои мечты, пусть даже и не слишком большие на первых порах.

При этом в сознании происходит переход от «я не могу» к «я могу», от бессилия перед обстоятельствами к установлению контроля над своей жизнью, от рабства к свободе.

Завершая свою книгу «Уолден, или Жизнь в лесу», Торо писал:

> *«Мой опыт, во всяком случае, научил меня следующему: если человек смело шагает к своей мечте и пытается жить так, как она ему подсказывает, его ожидает успех, какого не дано будничному существованию».*

Лучше, наверное, и не скажешь.

Глава 17

БИЗНЕС, В КОТОРОМ ЖЕНЩИНЫ ДОСТИГАЮТ ВЫСОТ

Я уже не раз упоминал в книге о своей жене Ким. Вам известно, как мы познакомились и как я ухаживал за ней. Вы знаете о трудностях, которые мы испытали в начале совместной жизни, о наших целях, стратегиях и о том, какой стала наша жизнь в конечном итоге. Прежде чем завершить этот раздел книги, я хотел бы дать слово самой Ким.

Роберт уже рассказал вам достаточно много о сетевом маркетинге и его многообразных возможностях по созданию богатства. Я хочу добавить только одно: это еще и прекрасный бизнес для женщин.

Заглянув в статистические данные сетевого маркетинга, вы первым делом обратите внимание на поразительное обстоятельство: *в нем участвует вчетверо больше женщин, чем мужчин.*

Да, вы не ослышались. По данным Ассоциации прямых продаж, из 15 миллионов человек, занятых в сетевом маркетинге в США, около 88 процентов составляют женщины. Хотя в мировом масштабе сведения о половой принадлежности участников отсутствуют, я полагаю, что пропорции будут примерно такими же.

5* Зак. 2864

Для отношения организатора сетевого маркетинга к участникам растущей сети характерны поддержка, забота и наставничество, то есть то, в чем традиционно сильны женщины.

Почему так происходит? Одна из причин заключается в том, что изначально многие люди брались за сетевой маркетинг на условиях частичной занятости, а в семьях, где мужчина является главным добытчиком, это обычно означало, что такую работу брала на себя именно женщина, посвящая ей часть своего свободного времени.

Необходимо также учитывать, что создание сети может осуществляться на дому, и это прекрасно сочетается с женской работой по ведению домашнего хозяйства и воспитанию детей.

Однако, на мой взгляд, дело здесь не только в чисто практических и исторических обстоятельствах.

Основу сетевого маркетинга составляют *взаимоотношения* между людьми. Как уже объяснял Роберт, суть этого бизнеса состоит не в *торговле*, а в установлении *контактов*. Здесь важно уметь налаживать хорошие отношения, осуществлять учебу и практическую подготовку новичков. Повседневная работа в сетевом маркетинге состоит не в разграничении территорий, на которых осуществляется торговля, а в создании сплоченной команды.

Для отношения организатора сетевого маркетинга к участникам растущей сети характерны поддержка, забота и наставничество, то есть то, в чем традиционно сильны женщины.

Разумеется, все это не означает, что мужчины не в состоянии добиться успеха в сфере сетевого маркетинга. Ежедневно миллионы представителей сильного пола доказывают обратное, и все же необходимо еще раз подчеркнуть, что эта модель бизнеса будто специально создана для женщин.

В чем нуждаются женщины

И это замечательно, потому что сегодня миллионы женщин испытывают настоятельную потребность в создании своего собственного благосостояния.

Несколько лет назад одна молодая журналистка сказала мне с заметным волнением в голосе: «Мы должны привлечь внимание женщин к необходимости взять на себя ответственность за свое финансовое положение. Они не должны полагаться на то, что кто-то сделает это за них».

Разговорившись с журналисткой, я узнала, чем объясняется ее волнение. Оказалось, что недавно к ней переехала жить ее мать, которой было 54 года. Она пережила бракоразводный процесс, в результате которого осталась ни с чем. Теперь молодой женщине необходимо было содержать и себя, и ее.

И это оказалось только первым тревожным звонком. Настоящий шок она пережила, когда решила повнимательнее разобраться с собственными финансовыми ресурсами. Выяснилось, что, если она по какой-либо причине вдруг перестанет получать ежемесячную зарплату, ей остается рассчитывать только на собственные сбережения в размере около 7 тысяч долларов.

Вдвоем на 7 тысяч долларов долго не протянешь. На эти средства можно прожить лишь несколько месяцев, за которыми следует нищета и, возможно, потеря жилья. Неудивительно, что ее сильно заинтересовал вопрос, как научить женщин управлять своими финансами!

К счастью, я нахожусь не в таком положении, как эта молодая женщина. Мы с Робертом обеспечены средствами на всю жизнь независимо от текущего состояния экономики.

Но хотя этот дамоклов меч не висит над моей головой, я точно так же страстно выступаю за то, чтобы женщины сами заботились о своей финансовой независимости.

Сама техника работы в сфере сетевого маркетинга для женщин и мужчин абсолютно одинакова. Однако мотивы, побуждающие женщин и мужчин заниматься этим бизнесом, сильно разнятся.

Мы знаем, что сегодня наша жизнь совсем не такая, как была у наших матерей, но даже не задумываемся над тем, насколько сильны эти различия. Я приведу вам шесть причин, по которым женщинам необходимо активно участвовать в игре под названием «накопление богатства».

1. Статистика

Статистические данные, касающиеся отношения женщин к деньгам, заставляют задуматься. Я привожу цифры только по США, но, полагаю, в других странах они будут не сильно отличаться.

Итак, в США:

- 47 процентов женщин в возрасте более 50 лет являются одиночками, то есть вынуждены сами себя содержать.
- Пенсионные накопления у женщин меньше, чем у мужчин. Главным образом это объясняется наличием у них обязанностей по ведению домашнего хозяйства и воспитанию детей, в связи с чем женщина за свою жизнь вынуждена отсутствовать на работе в среднем 14,7 года, в то время как у мужчины этот показатель составляет 1,6 года. Добавьте сюда тот факт, что женщины до сих пор получают в среднем меньшую зарплату, чем мужчины *(Национальный центр по исследованию пенсионного обеспечения женщин).*
- Средняя продолжительность жизни у женщин на 7—10 лет выше, чем у мужчин (Энн Леттирси, 12 июня 2000 г.), следовательно, эти дополнительные годы они должны содержать себя сами. Что же касается замужних женщин беби-бумеров, то ожидается, что они переживут своих мужей в среднем на 15—20 лет.

- Из общего числа пожилых людей, живущих в бедности, три четверти — женщины (Инвестиционный фонд «Morningstar»).
- Примерно семь из десяти женщин какую-то часть своей жизни проводят в бедности.

О чем говорит эта статистика? О том, что женщины во все большей степени испытывают недостаток финансового образования и не могут обеспечить себя материально, особенно в пожилом возрасте. Мы проводим всю жизнь в заботах о семье, но не готовы позаботиться о себе в такой жизненно важной сфере, как финансы.

2. Финансовая независимость

Выходя замуж, вы не думаете о разводе. Точно так же, устраиваясь на работу, вы не ожидаете, что вас вдруг уволят. Но такое случается, и в последнее время все чаще.

У женщин, полагающихся в финансовых вопросах на мужа, начальника или кого-то другого, есть все основания серьезно задуматься. В нужный момент их может не оказаться рядом. Слишком часто мы даже не осознаем того, насколько мы зависимы, пока не прозвучит тревожный звонок.

3. Отсутствие потолка возможностей

Вдобавок ко всем сложностям, которые после 2008 года испытывают наемные работники, женщины сталкиваются еще с одним дополнительным препятствием, которое именуется потолком возможностей. Да, он присутствует и в наши дни. Женщин пускают лишь до определенной ступеньки карьерной лестницы. А уж если женщина захотела устроиться на работу после 50 лет, то об этом вообще лучше забыть.

В мире сетевого маркетинга сама идея о каких-то ограничениях для женщин представляется нелепой. Компаниям сетевого маркетинга абсолютно безразлично, женщина вы или мужчина, черная у вас кожа или белая, окончили ли вы колледж или не имеете даже среднего образования. Их интересует лишь то, насколько умело и эффективно вы строите свою сеть. Как уже было сказано, сетевым маркетингом занимается вчетверо больше женщин, чем мужчин.

Главное — это ваши умения, знания и опыт. Здесь для женщин не существует никаких ограничений.

4. Неограниченные доходы

Из-за потолка возможностей в карьерной сфере и все еще существующего неравенства в оплате между мужчинами и женщинами на рынке труда представительницы прекрасного пола зачастую не в состоянии заработать столько, сколько они хотели бы. Исследования показывают, что там, где мужчина получает доллар, женщине с одинаковым образованием и опытом платят примерно 74 цента.

Однако в сетевом маркетинге бизнес имеет возможность неограниченного расширения. Независимо от пола вы можете получать доход, величина которого зависит только от размеров и качества создаваемой вами сети.

5. Повышение самооценки

Лично я считаю это главным достоинством сетевого маркетинга и одной из основных причин, по которым женщинам стоит им заниматься. Обычно самооценка женщин достаточно сильно зависит от их способности обеспечивать себя в финансовом плане. Материальная зависимость от кого бы то ни было может привести к утрате чувства собственного достоинства. Это заставляет вас совершать поступки, которых вы никогда бы не совершили, если бы не потребность в деньгах.

Мне приходилось встречать женщин, чья самооценка взлетала буквально к небесам от того, что они стали самодостаточными в материальном отношении. А если повышается уверенность в себе, то улучшаются и отношения с окружающими. Высокая самооценка ведет к еще большим успехам и в конечном счете к главной цели — свободе.

6. Возможность распоряжаться своим временем

Желание женщин позаботиться о своем финансовом благосостоянии зачастую сталкивается с таким препятствием, как элементарная нехватка времени. Особенно это касается матерей, воспитывающих детей. Мне не раз приходилось слышать от женщин: «Когда я прихожу домой после работы, мне надо приготовить ужин, помочь детям с уроками, вымыть посуду. К тому времени, когда я уложу их спать и у меня выпадает несколько минут свободного времени, я уже полностью вымотана!»

Участвуя в сетевом маркетинге, вы полностью распоряжаетесь своим временем. Вы можете посвящать ему столько времени, сколько захотите. Им можно заниматься по вечерам, по выходным, когда и где угодно. Вы можете работать дома, используя телефон и компьютер. Это такой бизнес, который можно засунуть в карман и взять с собой в дорогу. Если обстоятельства не позволяют большего, ему можно посвящать всего по полчаса.

Создание богатства — насущная потребность

Итак, есть шесть причин, заставляющих женщин заботиться о своем финансовом благосостоянии. Статистика доказывает, что времена для прекрасной половины человечества изменились и реальное экономическое образование является теперь не роскошью, а настоятельной потребностью. Финансовая зависимость в чем-то схожа с игрой в рулетку. Вас может, конечно, ожидать и выигрыш, но риск очень велик.

Уже несколько веков женщины борются с ограничениями карьерного роста и размера доходов. Но в мире сетевого маркетинга ни того, ни другого не существует. Зато есть два дополнительных преимущества — повышение самооценки и возможность свободно распоряжаться своим временем.

Не знаю, какая из перечисленных выше причин покажется вам наиболее убедительной. Ведь вы не среднестатистическая женщина. Вы — это вы. И найти мотивацию для занятия сетевым маркетингом можете только вы сами.

Накапливайте богатство, развлекаясь

По какой бы причине вы ни взялись за сетевой маркетинг, не забывайте, что это занятие должно *доставлять вам удовольствие.*

Конечно, приятно думать о том, что вы можете дополнительно заработать 100, тысячу или даже 10 тысяч долларов и при этом полностью распоряжаться своим свободным временем, но, если вы не испытываете удовольствия от этого занятия, оно может очень быстро наскучить и мало чем будет отличаться от надоевшей работы по найму. Проще говоря, недостаток энтузиазма в сетевом маркетинге непосредственно скажется на ваших банковских счетах.

Именно поэтому мне хочется предложить вам такую разновидность сетевого маркетинга, как организация у себя дома вечеринок, на которые приглашают потенциальных покупателей и демонстрируют им образцы товаров. Это идеальный вариант для многих женщин, которые хотят начать собственный бизнес. Он представляет прекрасную возможность проводить больше времени с семьей и друзьями в уютной обстановке собственного дома и одновременно создавать социальную сеть, позволяющую повышать благосостояние. При этом вы еще и развлекаетесь.

Интересно отметить, что данный сектор сетевого маркетинга продолжает неплохо развиваться даже в условиях экономического кризиса. В частности, именно благодаря ему сетевой маркетинг в целом представляет собой силу, с которой необходимо считаться. Шестьдесят четыре компании, пользующиеся методом прямых продаж, ежегодно отчитываются о чистой прибыли, превышающей 100 миллионов долларов. В их число входят, например, «Vorwerk» («JAFRA Cosmetics»), «Mary Kay», «Tupperware», «Scentsy», «Partylite», «Stampin' Up», «Jewels by Park Lane», «Longaberger» и «Southern Living at Home».

Журнал «Direct Selling News» в номере за сентябрь 2009 года писал, что в 2008 году компания «Tastefully Simple», торгующая деликатесами, благодаря методу вечеринок смогла повысить объем продаж на 5 процентов, несмотря на рецессию в экономике. Еще одна компания, «Pampered Chef» (которую в 2002 году приобрел миллиардер Уоррен Баффет), в том же году увеличила свою сбытовую сеть на 5 процентов.

О чем это говорит? Компании, использующие метод вечеринок, дают прекрасный шанс каждой женщине, которая хочет взять на себя ответственность за свое финансовое будущее. Я рекомендую данный метод молодым мамам, которым трудно вырваться из дому, работающим женщинам, которые хотят пополнить свою семейную кассу, студенткам, желающим немного заработать, — короче говоря, всем женщинам, которые хотят жить богаче, чем раньше. Он дает им возможность пополнить ряды предпринимателей... и при этом еще и развлечься.

Определите для себя главное

На нашем первом свидании Роберт спросил, как я представляю себе свою будущую жизнь. Я ответила, что хотела бы когда-нибудь иметь собственный бизнес. Он сказал: «Я могу помочь тебе в этом». И действительно, через месяц у нас уже был совместный бизнес.

Однако речь на том свидании шла не только о бизнесе, но и о более общих вещах — духовности и смысле жизни.

Все это происходило в 80-е годы, когда люди были трудоголиками и гордились этим. В 90-е годы они уже начали задумываться о жизни и задавать себе «неудобные» вопросы. Переломным моментом стали события 11 сентября 2001 года, когда многие сказали себе: «Стоп. Почему я все время кручусь, словно белка в колесе? На что уходит моя жизнь? Куда все катится?»

Мне часто приходится слышать от женщин, что они слишком заняты, чтобы уделять время еще и сетевому маркетингу даже на дому. В ответ я говорю им: «Существует критерий благополучной и счастливой жизни. Вы должны самым серьезным образом всё проанализировать и задать себе вопрос: „Есть ли такая вещь, которую мне настолько хочется иметь, что ради этого я готова пойти на жертвы“?»

Подумайте, что для вас настолько важно, что вы готовы потратить массу времени и сил, чтобы создать бизнес, дающий постоянный доход на всю оставшуюся жизнь и обеспечивающий безбедное существование. Если вы не определите эту главную цель, у вас, скорее всего, ничего не получится.

Каждый по-разному определяет понятие свободы и успеха. Это чисто личный вопрос. Цифры сами по себе абстрактны. Пять тысяч или 5 миллионов долларов ничего не значат, пока вы не придадите им какой-то смысл в рамках собственной жизни.

На ранних порах нашей совместной жизни мы с Робертом поставили перед собой задачу иметь собственный бизнес, где никто не указывал бы нам, что делать и как жить, и где мы могли бы полностью контролировать свое финансовое будущее. Это было для нас настолько важно, что мы были готовы вынести любые трудности.

Для достижения цели нам понадобилось почти 10 лет.

Временами безденежье становилось просто невыносимым. Многие друзья говорили, что мы сумасшедшие, что нам следовало бы найти себе постоянную работу со стабильной зарплатой, но это было как раз то, чего мы всячески избегали.

В конце концов мы приступили к действиям. Роберт начал вести несколько образовательных курсов, а я обратилась к подруге, выпускавшей несколько линий модной одежды, и взяла на себя распространение ее продукции. Я устроила мини-бутики в нескольких парикмахерских. Подруга не платила мне ничего, кроме комиссионных за проданную одежду. Это были очень небольшие деньги, но главное для меня было делать хоть что-то.

В процессе работы я поняла суть предпринимательства: *надо браться за какое-то дело и доводить его до конца.* Единственный способ заключается в том, чтобы определить для себя главную цель в жизни и захотеть осуществить ее так сильно, что никакие преграды не смогут этому помешать.

ЧАСТЬ III

Ваше будущее начинается сегодня

Что необходимо для того, чтобы открыть успешный бизнес в сфере сетевого маркетинга

Глава 18

ПОДХОДИТЕ К ВЫБОРУ ОСМОТРИТЕЛЬНО

Итак, вы решили заняться сетевым маркетингом. Поздравляю! Теперь вам предстоит сделать выбор. На рынке существует несколько тысяч компаний сетевого маркетинга. К какой из них вы хотели бы присоединиться? Что надо учитывать, делая выбор?

Новички в сетевом маркетинге часто допускают ошибку, хватаясь за первую попавшуюся под руку возможность. Конечно, может случиться и так, что ваш случайный выбор падет на отличную компанию, но все же хотелось бы, чтобы вы действовали осмотрительно, руководствуясь какой-то предварительной информацией. Ведь от этого зависит ваше будущее.

С чего начать? Какие критерии должны лежать в основе вашего решения?

«В нашей компании самые лучшие условия оплаты. Вы можете заработать здесь хорошие деньги!»

Мне часто приходится слышать нечто подобное, когда я анализирую компании сетевого маркетинга. Чтобы убедить меня в возможностях своего бизнеса, мне рассказывают истории о людях, которые зарабатывают сотни тысяч долларов в месяц. Поскольку я действительно встречал людей, делающих большие деньги на сетевом маркетинге, я не сомневаюсь в правдивости таких историй.

Тем не менее я не рекомендую делать выбор, исходя преимущественно из денежных соображений.

«У нас эксклюзивные продукты высшего качества, которые меняют жизнь людей».

Это мне тоже не раз приходилось слышать. Ссылки на качество продукции занимают, пожалуй, второе после заработков место в списке факторов, побуждающих людей заниматься сетевым маркетингом. И, опять же, данные утверждения не вызывают у меня сомнений. Хотя иногда приходится сталкиваться с некоторыми преувеличениями и даже откровенным надувательством, через сетевой маркетинг действительно распространяются в основном великолепные продукты (некоторыми из них пользуюсь я сам). Это одна из отличительных черт данной сферы бизнеса.

Однако качество продукции тоже не может служить главным критерием.

Позвольте повторить эту мысль еще раз:

«При выборе компании, с которой вы намерены сотрудничать, не следует руководствоваться исключительно ее продуктом».

Я особо подчеркиваю это, так как многие полагают, будто продукт очень важен. Это неправда. Помните, что вы не устраиваетесь на работу продавцом, а создаете собственный бизнес, который заключается в формировании *сети*. Поэтому, рассматривая различные компании, вы должны прежде всего задать себе вопрос: «Сможет ли данная компания научить меня создавать сети?»

Главная черта сетевого маркетинга, побуждающая меня рекомендовать его вам, заключается в наличии системы развития личности и обучения реальному бизнесу.

Система сетевого маркетинга рассчитана на то, чтобы каждый человек мог получить доступ к богатству. Она открыта для всех, кто обладает энтузиазмом, решимостью и настойчивостью. Ей безразлично, кто ваши родители и в каком колледже вы учились (и учились ли вообще), сколько вы зарабатываете в данный момент, к какой расе и полу принадлежите, каков ваш внешний вид, с кем вы знакомы и насколько высок ваш IQ.

Большинство компаний сетевого маркетинга обращают основное внимание на то, готовы ли вы учиться и совершенствоваться и хватит ли у вас силы духа, чтобы вынести неизбежные на первых порах трудности.

Можно ли сказать это о любой компании сетевого маркетинга? Нет. Среди них, как и в любой другой сфере бизнеса, есть хорошие, плохие и ужасные. Но встречаются и просто отличные.

Не все компании сетевого маркетинга поддерживают ваше стремление к учебе. Некоторые из них хотят лишь того, чтобы вы продавали их товары, и им совершенно безразлично, чего вы достигнете в жизни. Им нужно, чтобы вы приводили к ним все новых друзей и родственников. Если вы попадете в компанию, не заинтересованную в вашем развитии, то, думаю, она не долго продержится на рынке.

Однако лучшие компании искренне заинтересованы в том, чтобы вы получили образование в сфере бизнеса. Они строят свою деятельность на длительную перспективу и считают развитие ваших знаний и способностей своим приоритетом. Если вы найдете такую компанию, где лидеры готовы учить вас и помогать вам стать настоящим бизнесменом, в ней имеет смысл задержаться.

Имеют ли значение условия оплаты? Безусловно. Имеет ли значение продукт? Конечно. Но намного важнее установить, действительно ли компания заинтересована в том, чтобы вы прочно освоились в квадранте Б. Это главный критерий для выбора компании сетевого маркетинга. Ведь для вас это настоящая школа бизнеса.

Не пожалейте времени на то, чтобы, кроме размера заработка и качества продукции, досконально выяснить, как и чему компания будет вас обучать. Для этого недостаточно просто прослушать получасовую презентацию, посмотреть сайт компании в интернете и поинтересоваться мнением тех, кто уже работает в данной системе. Надо встать с дивана и лично посетить занятия и семинары.

Если вам понравилось то, что вы услышали на вступительной презентации, не поленитесь лично познакомиться с людьми, которые будут вас учить.

К этому вопросу надо подходить очень тщательно, поскольку заявления компании о том, что у них отличные учебные планы, не всегда соответствуют действительности. В некоторых компаниях, в которых мне довелось побывать, вся образовательная часть программы сводилась к выдаче списка литературы для самостоятельного изучения, а на занятиях речь шла только о методах привлечения к этому бизнесу знакомых и родственников.

Если вам понравилось то, что вы услышали на вступительной презентации, не поленитесь лично познакомиться с людьми, которые будут вас учить.

Вопросу выбора следует посвятить достаточно много времени и усилий, поскольку в системе сетевого маркетинга действительно можно найти великолепные компании с тщательно продуманными учебными планами, которые превосходят все, что мне доводилось видеть до сих пор.

Ниже я предлагаю вам несколько касающихся компании вопросов, на которые вам необходимо найти ответ:

- Кто стоит на капитанском мостике?
- Имеет ли компания проверенные на практике планы действий?
- Входит ли в учебные программы компании наряду с формированием чисто деловых навыков развитие личных качеств?

- Располагает ли компания высококачественными и хорошо продаваемыми продуктами, за которые не будет стыдно перед покупателями?

Кто стоит на капитанском мостике?

Неопытные люди, которые вступают в бизнес, обладая мышлением представителей квадрантов Р и С, как правило, первоочередное внимание обращают на ассортимент товаров, условия оплаты и возможности карьерного роста. Я всегда опускаю эти моменты и сразу перехожу к изучению людей, которые стоят во главе компании.

Я не говорю, что качество продуктов и возможности заработка не имеют никакого значения, но идеальных компаний не существует. В каждой из них могут возникать какие-то неурядицы, но если компанией руководят правильно подобранные люди, то эти проблемы можно решить. Более того, для хороших руководителей неразрешимых проблем не существует. Если же во главе компании стоят не те люди, то при любом осложнении обстановки вы будете вынуждены полагаться только на волю судьбы.

Нельзя судить о книге только по одной обложке. Вы не должны ограничиваться только рекламными видеороликами и официальным сайтом компании в интернете. Присмотритесь внимательнее к ее руководителям. Чем они занимались в прошлом и каковы результаты их деятельности? Каким опытом они располагают? Кто они по характеру? Независимо от того, придется ли вам лично общаться и взаимодействовать с ними в процессе работы, они являются вашими партнерами по общему бизнесу.

Джон: Мне хотелось бы обратить внимание читателей на широко распространенный миф, будто для того, чтобы по-настоящему разбогатеть в сетевом маркетинге, надо начинать свою деятельность буквально на пустом месте, на нулевом уровне структуры. Это не так.

Роберт: Более того, это просто глупо! Большинство фирм терпят неудачу в первые 1—2 года существования, и компании сетевого маркетинга не исключение. Зачем же рисковать своими усилиями, временем и энергией, делая ставку на компанию, у которой нет никакой истории?

Джон: Существуют сильные и жизнеспособные компании сетевого маркетинга, которые насчитывают как три, так и 30 лет от роду. Конечно, есть что-то привлекательное и захватывающее в том, чтобы внести вклад в дело молодой и свежей фирмы, только начинающей свою деятельность, но зато принадлежность к компании, которая работает в этом бизнесе несколько десятилетий, вселяет уверенность.

Я бы с большой осторожностью рекомендовал вам компанию, которая только что родилась. Конечно, здесь, как и везде, бывают исключения. Вы вполне можете отыскать молодую компанию, которая имеет настолько высокую оценку со стороны других участников рынка, что это перевешивает ее возможные недостатки.

Главное — провести всю необходимую подготовительную работу и четко определить, что вам нужно и с кем вы хотели бы вести бизнес.

Не слушайте тех, кто пытается убедить вас в том, что успеха можно добиться только в ходе сотрудничества с совершенно новой компанией сетевого маркетинга (или той, которая действует на рынке уже пять или 35 лет). Здесь нет никаких рецептов и магических формул. Вам нужна компания, которая знает, к чему стремится, и демонстрирует все признаки того, что сможет добиться своего.

Имеет ли компания проверенные на практике планы действий?

Джон: Самые лучшие и жизнеспособные компании сетевого маркетинга не будут заставлять вас заново изобретать колесо. Они предложат вам ведущие к успеху планы, которые себя уже зарекомендовали. Например, это могут быть памятки, подсказывающие, что необходимо сделать в течение дня или недели.

Некоторые компании выделяют своим участникам персональные веб-сайты для обучения привлекаемых лиц и обмена опытом. Первоклассные профессионально подготовленные презентации на дисках и сайтах, а также печатные материалы уже стали стандартными средствами ведения сетевого маркетинга.

Входит ли в учебные программы компании наряду с формированием чисто деловых навыков развитие личных качеств?

Я уже достаточно подробно разъяснил, почему считаю финансовое просвещение главным достоинством сетевого бизнеса, превосходящим даже размер получаемого дохода. Поэтому убедитесь, что возможность для такой учебы будет вам предоставлена.

Вы должны быть уверены в том, что компания придает образованию должное значение, причем обучает вас не только техническим навыкам, но также формирует характер и личные качества. Лидеры этой отрасли уже много десятилетий назад поняли, что своих сотрудников необходимо снабжать хорошими мотивирующими и обучающими материалами. В прежние времена это были книги и аудиокассеты. В XXI веке их сменили компакт-диски и DVD, интернет, телеконференции и семинары в режиме онлайн. Разумеется, книги тоже никогда не выйдут из моды.

Джон: Как и мероприятия, проводящиеся живьем. Даже в эпоху интернета никакие технические средства не смогут полностью заменить непосредственного личного присутствия и общения.

В наши дни в повседневной работе по формированию сети общение по телефону и в интернете занимает уже не меньшее место, чем личные контакты. Однако при этом нельзя не заметить, что лучшие компании сетевого маркетинга особый упор делают на ежегодные, полугодовые и месячные сборы участников для проведения различных мероприятий. Почему? Потому что они прекрасно понимают их образовательное значение в плане совершенствования деловых и личных качеств.

Кстати, вашим обучением и развитием будет заниматься не компания как таковая. Вы имеете дело с целой иерархией, начиная от человека, который непосредственно ввел вас в круг сетевого маркетинга, и далее по восходящей вплоть до руководства компании, причем все они заинтересованы в том, чтобы вы росли, совершенствовались и добивались успеха.

К числу достоинств системы сетевого маркетинга относится то, что царящая в ней атмосфера является противоположностью традиционной корпоративной атмосфере, напоминающей пауков в банке, где даже лучший друг может переступить через вас из карьерных соображений.

В сетевом маркетинге нет такой жестокой конкуренции просто потому, что все ваши кураторы зависят от ваших успехов. Если людям выгодны ваш рост и развитие, они, естественно, будут заинтересованы в том, чтобы вы росли!

Располагает ли компания высококачественными и хорошо продаваемыми продуктами, за которые не будет стыдно перед покупателями?

Даже если это соображение не является определяющим, оно все-таки же чрезвычайно важно. Почему? Ответ короткий: надо, чтобы о товаре *говорили*.

Джон: Кровеносной системой растущей сети сетевого маркетинга является молва, передающаяся из уст в уста. Люди рассказывают окружающим о своих товарах и услугах и побуждают их делать то же самое.

В связи с этим наибольшим спросом обычно пользуются продукты, которые находят горячий отклик у потребителей. С этим товаром должны быть связаны истории, которые можно рассказывать, он должен обладать уникальными свойствами, приносить несомненную пользу покупателям или быть абсолютной новинкой.

Короче говоря, эти продукты должны стать предметом слухов и разговоров.

Поймите меня правильно: я говорю не об искусственно раздуваемых ложных слухах, а о реальных положительных свойствах. Продукт должен быть действительно хорошим.

При этом необходимо иметь в виду, что идеальных продуктов не бывает. Рынок заполнен множеством высококачественных товаров и услуг. Их выбор — это во многом чисто субъективное дело покупателя. Кроме того, должен учитываться такой фактор, как индивидуальная непереносимость некоторых продуктов питания, косметических средств и материалов.

Достаточный ли спрос на ваш товар на рынке? Есть ли в нем что-то способное привлечь большое количество покупателей? Конкурентоспособна ли цена?

Верите ли вы сами в ценность товара и готовы ли лично пользоваться им? Что интересного вы можете рассказать о нем? Если вы сами испытываете неподдельный энтузиазм, говоря о товаре, окружающие, скорее всего, тоже проявят к нему искренний интерес.

В связи с этим наибольшим спросом обычно пользуются продукты, которые вызывают горячий отклик у потребителей. С этим товаром должны быть связаны истории, которые можно рассказывать, он должен обладать уникальными свойствами, приносить несомненную пользу покупателям или быть абсолютной новинкой.

Короче говоря, ваш продукт должен стать предметом слухов и разговоров.

Поймите меня правильно: я говорю не об искусственно раздуваемых ложных слухах, а о реальных положительных свойствах. Продукт должен быть действительно хорошим.

При этом необходимо иметь в виду, что идеальных продуктов не бывает. Рынок заполнен множеством высококачественных товаров и услуг. Их выбор — это во многом часто субъективное дело покупателя. Кроме того, должен учитываться такой фактор, как индивидуальная непереносимость некоторых продуктов питания, косметических средств и материалов.

Достаточный ли спрос на ваш товар на рынке? Есть ли в нем что-то способное привлечь большое количество покупателей? Конкурентоспособна ли цена?

Верите ли вы сами в ценность товара и готовы ли лично пользоваться им? Что интересного вы можете рассказать о нем? Если вы сами испытываете неподдельный энтузиазм, говоря о товаре, окружающие скорее всего тоже проявят к нему искренний интерес.

Глава 19

ЧТО ДЛЯ ЭТОГО ТРЕБУЕТСЯ

Итак, что же нужно для построения успешного бизнеса в сфере сетевого маркетинга? Давайте для начала рассмотрим, что для этого не требуется.

Вам не нужна степень MBA и опыт в бизнесе

Вспомните о *репродуцировании.* Сила самых успешных стратегий в сетевом маркетинге заключается как раз в их повторяемости. Сетевой маркетинг делает для бизнес-моделей в квадранте Б то, что Генри Форд сделал для автомобильной индустрии: все процессы раскладываются на компоненты, которые могут быть воспроизведены в массовом порядке.

Джон: Успешный бизнес в сетевом маркетинге — это не шедевр, сотворенный руками одного мастера, а симфония простоты, создаваемая сотнями тысяч рук.

Вам не нужно обладать ярко выраженными способностями продавца

Повторю еще раз: одно из самых больших заблуждений относительно сетевого маркетинга состоит в том, что для того, чтобы им заниматься, якобы необходимо быть прирожденным продавцом.

6 Зак. 2864

Ничто не может быть дальше от истины. Наоборот, это вредит сетевому маркетингу. Почему? Потому что действия умелого и опытного продавца трудно воспроизвести другим людям.

Джон: Помните, что суть сетевого маркетинга не в торговле, а в учебе, формировании команды и овладении лидерскими навыками. Ваша задача состоит не в том, чтобы продать как можно больше товаров самому и даже не в том, чтобы научить тому как можно больше людей. Вы должны руководить, тренировать и помогать людям расти и развиваться. Главное — это построение сети.

Роберт: Итак, ваша цель — не продажа, а формирование сети.

Джон: Совершенно верно.

Вам необязательно увольняться с работы!

На первых порах даже предпочтительнее совмещать новый бизнес со старой работой. Во-первых, формирование сети — это не работа по найму, где вы обязаны с первого же дня отрабатывать свою зарплату. Для этого требуется время. Вам некуда спешить.

Джон: И дело здесь не только в финансовых соображениях. Даже если обстоятельства позволяют вам уволиться, многие новички в сетевом маркетинге отмечают, что на первых порах полезнее сохранять контакты со своими прежними сослуживцами, которые в перспективе могут сами стать вашими партнерами по сетевому маркетингу или подсказать кандидатуры подходящих партнеров.

Подавляющее большинство участников сетевого маркетинга занимаются этим бизнесом по совместительству. Опрос, проведенный в 2008 году Ассоциацией прямых продаж, показал, что лишь один из восьми занятых в сетевом маркетинге посвящает этому занятию 20 или более часов в неделю.

Вам не надо иметь кучу денег или закладывать дом для создания стартового капитала

В большинстве случаев начальные расходы для вступления в компанию сетевого маркетинга не превышают 500 долларов. Однако не следует обольщаться: то, что вы сэкономите на наличных деньгах, придется компенсировать трудолюбием и энергией. Как и в любом бизнесе, вам предстоит инвестировать главным образом *в себя*, тратя свое свободное время, проявляя целеустремленность и настойчивость. Но вот денег для начала вам понадобится не так уж и много.

Джон: Хотя вам не потребуется большой стартовый капитал, это отнюдь не означает, что расходов не будет вообще. Это бизнес, и к нему надо относиться соответствующим образом. Значит, и подготовиться к тому, что у вас появятся ежемесячные накладные расходы.

Обычно месячный бюджет бывает весьма скромным. Вам надо будет приобретать и обновлять набор образцов продукции, материалы для презентаций (уже упомянутые компакт-диски и DVD, платные сайты в интернете и т. п.), а также необходимую литературу для учебы и развития бизнеса.

Таким образом, даже если у вас отсутствует необходимость в крупном стартовом капитале, нужно научиться составлять бюджет разумных ежемесячных расходов.

Вам не надо быть гением в ведении переговоров и обладать выдающимися математическими способностями

Единственное, что вам необходимо, — это желание, решимость и энтузиазм.

Мой друг Дональд Трамп говорит: «Вы должны любить то, что делаете. Без энтузиазма трудно добиться большого успеха. Предприниматели, относящиеся к своему делу без страсти, зачастую испытывают трудности».

Мы поговорили о том, что вам не понадобится для успеха в сетевом маркетинге. Теперь рассмотрим то, что вам необходимо.

Честность с самим собой

Создание бизнеса в квадранте Б — непростая задача. Вы должны задать себе вопрос: «Обладаю ли я для этого всем необходимым? Готов ли я выйти из своей зоны комфорта? Готов ли я не только командовать, но и подчиняться? Живет ли внутри меня богатый человек, готовый выйти на поверхность?» Если ответы утвердительные, начинайте искать компанию сетевого маркетинга с самой лучшей учебной программой.

> **Джон:** Я бы добавил еще одно: убедитесь, что вы четко представляете себе, где вы находитесь и что вам необходимо, чтобы изменить свою жизнь. Очень важно ясно понимать, к чему вы стремитесь.
>
> Затем определитесь со своими ожиданиями. Вы должны четко представлять себе, сколько времени, денег, знаний и других ресурсов для этого понадобится, а также что конкретно необходимо предпринять, чтобы добиться успеха. Установите для себя реалистичные временные рамки.

В нашей совместной с Трампом книге «Почему мы хотим, чтобы вы были богаты» Дональд писал: «Сетевой маркетинг потребует от вас предпринимательского духа, нацеленности на результат и упорства. Я бы не рекомендовал людям, у которых отсутствует мотивация, заниматься этим бизнесом».

И он абсолютно прав.

Правильное отношение к делу

Я считаю становление бизнесмена непрекращающимся процессом, который лично для меня еще не закончен. Мне кажется, что я буду учиться предпринимательству всю оставшуюся жизнь. Я люблю бизнес, и мне нравится решать возникающие проблемы. Я всегда хотел жить такой жизнью. Хотя на этом пути нередко возникают трудности, результат себя окупает.

Даже в самые темные времена меня поддерживала одна мысль. В те дни, когда моя фирма производила водонепроницаемые бумажники для серфингистов, я приклеил к телефону в своем офисе бумажку, извлеченную из китайского печенья с запеченными внутри предсказаниями будущего:

> *Отказаться можно в любой момент, но зачем делать это прямо сейчас?*

Тогда я вел много телефонных разговоров, и многие из них подводили меня к мысли, что этот бизнес пора бросать. Однако, повесив трубку, я бросал взгляд на мудрые слова, написанные на телефоне, и говорил себе: «Как бы мне ни хотелось покончить со всем, сегодня я этого делать не буду. Я брошу все завтра».

К счастью, это завтра так и не наступило.

Богатый папа не раз говорил, что если бы богатство давалось легко, то все были бы богатыми. Именно поэтому, когда люди спрашивают меня, что стало главным фактором моей финансовой независимости, я отвечаю: «Мне не хотелось, чтобы мною кто-то командовал». Мне так была нужна свобода, что я готов был отказаться от надежного рабочего места. Я стремился к финансовой свободе, то есть к тому, что может предоставить сетевой маркетинг.

Если же вам нравится, что кто-то указывает вам, что надо делать, во сколько приходить на работу и уходить с нее, то сетевой маркетинг не для вас.

Подлинный рост

Сетевой маркетинг может стать бизнесом квадранта Б, но это не означает, что так обязательно будет. Все зависит от вас.

Сетевой маркетинг является прекрасным инструментом для тех, кто хочет перейти в квадрант Б. Если ваш потенциал дохода в секторе Р и С ограничен главным образом вашими *индивидуальными* возможностями, то в сетевом маркетинге вы можете заработать столько, сколько способна производить созданная вами сеть. Следовательно, сформировав очень широкую сеть, вы можете получить кучу денег.

Однако, вступив в компанию сетевого маркетинга, вы не становитесь автоматически представителем квадранта Б. Для этого надо, чтобы ваша сеть стала действительно большой.

Джон: К крупному бизнесу относятся компании, насчитывающие в своем штате 500 и более человек. Вообще-то в традиционном определении говорится о 500 наемных работниках, но в данном случае нас интересует только число. Если вы сформируете сеть, охватывающую 500 или более независимых представителей, это будет означать переход в категорию крупного бизнеса, то есть сектор Б.

Система сетевого маркетинга предусматривает размеры сети, значительно превосходящие по численности 500 человек. Обычно в нее входят тысячи и даже десятки тысяч участников, но нередки случаи, когда она состоит из *сотен* тысяч человек.

Новички часто допускают ошибку, рассматривая доходы, поступающие от сети, как «свободные» деньги, которыми можно с самого начала неограниченно распоряжаться. Если в вашей сети всего 5, 10, 50 или даже 100—200 человек, ваш новый бизнес находится еще в стадии становления. Его пока нельзя считать крупным.

Лишь когда численность сети перевалит за 500 человек и будет подбираться к тысяче, это можно будет считать бизнесом квадранта Б, который дает пассивный доход. Такая сеть не только жизнеспособна, но и приносит стабильную прибыль.

Однако прежде, чем вы достигнете отметки в 500 человек, должно пройти значительное время. Это время становления и закладывания фундамента. Имейте это в виду и не упускайте цель, которая заключается в создании богатства.

Время

Если вы, собираясь заняться сетевым маркетингом, считаете, будто у вас сразу же появятся лишние деньги, значит, все еще мыслите категориями квадрантов Р и С. Именно представители этих секторов чаще всего соблазняются на всевозможные схемы быстрого обогащения, становясь жертвами жуликов и аферистов.

Джон: В сетевом маркетинге не существует рецептов быстрого обогащения. Хотя в этом бизнесе нет ничего сложного, он требует времени и усилий для создания основы пассивного дохода.

По данным Ассоциации прямых продаж, в среднем один из 10 человек откликается на предложение принять участие в сетевом маркетинге. Однако этот показатель будет расти по мере того, как у вас будет накапливаться опыт. Помните, что, когда речь идет о средних величинах, в действие вступает закон больших чисел. Если вы обратитесь с предложением к 10 людям, среди них может не оказаться ни одного согласившегося, но когда их будет 100, вы увидите, что этот закон действует.

Сетевой маркетинг часто рекламируют как «быстрый путь к успеху». Это, конечно, полная чушь. На то, чтобы выработать в себе лидерские качества, построить бизнес и создать подлинное богатство, уходят годы.

Не соблазняйтесь на обещания быстрых результатов в течение шести месяцев. Избранный вами путь не сулит легкой и радостной прогулки. Это серьезный бизнес, который должен стать делом всей *вашей жизни*.

В реальном мире, если вы не способны добиться результатов в течение 3—6 месяцев, вас увольняют. Корпорация «Xerox» в этом отношении была более щедрой. Мне предоставили год для учебы, а затем еще год в качестве испытательного срока. Если бы не это, вряд ли я бы там задержался.

Вы находитесь в другой ситуации. Из компаний сетевого маркетинга никого не увольняют. Принять такое решение можете только вы сами. Поэтому не стоит, проработав несколько месяцев или даже год и вложив в это дело много сил, говорить себе: «Думаю, у меня ничего не получится». Не надо торопиться.

Роберт: Джон, когда я советую людям не торопиться, мне неизменно задают один и тот же вопрос: «Сколько должно пройти времени?» Как бы вы ответили на него?

Джон: Я бы сказал — пять лет.

Роберт: Я говорю то же самое! Это тот срок, который необходим для построения *любого* бизнеса. Я называю это пятилетним планом.

Пятилетний план

Если вы всерьез решили вступить на этот путь, рекомендую заранее настроиться на пять лет учебы, развития, изменения своих жизненных ценностей и круга друзей. Почему? Потому что это *реальный срок*.

Говарду Шульцу потребовались годы, чтобы создать сеть кофеен «Starbucks». То же самое можно сказать об основателе «McDonald's» Рэе Кроке и основателе «Dell Computers»

Майкле Делле. Чтобы создать крупный бизнес и воспитать хороших лидеров, нужны годы. Для создания успешного бизнеса в квадранте Б мне тоже понадобилось несколько лет. Не обойтись без них и вам, чтобы основать свой бизнес в сетевом маркетинге. Почему вы должны быть исключением?

Большинство людей не привыкли ставить себе задачи на несколько лет вперед, так как приучены каждый месяц получать зарплату в квадранте Р. Они считают, что любое действие должно сопровождаться немедленным вознаграждением. Поэтому неудивительно, что, едва вступив в сектор Б, они уже думают о быстрых деньгах.

«Я занялся сетевым маркетингом неделю назад. Когда у меня появятся большие деньги?»

Друзья, *быстрого богатства не бывает* точно так же, как для большой любви недостаточно мимолетного знакомства, а для написания выдающегося романа не хватит одной ночи. Для больших достижений, в том числе и в сфере финансов, требуется время. Именно поэтому население квадранта Б столь немногочисленно. Большинству людей хочется иметь деньги, но они не готовы пожертвовать для этого своим временем.

Десять тысяч часов... Подсчитайте сами: если вы будете работать восемь часов в день пять дней в неделю, то достичь этой отметки сможете только через пять лет.

В своей книге «Гении и аутсайдеры» Малкольм Гладуэлл объясняет, что для того, чтобы добиться выдающегося успеха в любом деле, человеку требуется 10 тысяч часов упорной работы. Еще в школьные годы Билл Гейтс потратил 10 тысяч часов, занимаясь программированием. Будучи еще никому не известными музыкантами, «Битлз» играли в ночных клубах Гамбурга по семь часов в сутки по семь дней в неделю, что составило примерно те же самые 10 тысяч часов.

6* Зак. 2864

«Самое интересное в правиле 10 тысяч часов — это то, что оно применимо практически ко всем областям жизни, — пишет Гладуэлл. — Невозможно стать шахматным гроссмейстером, если у вас нет 10 тысяч часов игровой практики. Одаренные теннисисты начинают тренироваться с шестилетнего возраста и доходят до турнира в Уимблдоне в 16—17 лет, как, например, Борис Беккер. Ребенок, начавший обучаться игре на скрипке в четыре года, становится музыкантом, достойным выйти на сцену Карнеги-холла, лишь к 15 годам».

Десять тысяч часов... Подсчитайте сами: если вы будете работать восемь часов в день пять дней в неделю, то достичь этой отметки сможете только через *пять лет.*

К счастью, успех в сетевом маркетинге нельзя сравнивать с получением звания гроссмейстера. Вам не надо сопоставлять себя ни с Борисом Беккером, ни с «Битлз», ни с Биллом Гейтсом. Вам совсем необязательно становиться лучшим в мире, но вы должны освоить знания и умения, необходимые для данного бизнеса. Для этого вам не потребуется работать по 40 часов в неделю на протяжении пяти лет. Но чтобы освоить искусство формирования крупной сети для получения пассивного дохода, необходимо все же достаточно продолжительное время.

Кстати, я *до сих пор* использую пятилетние планы.

Решив изучить какое-то направление бизнеса, например инвестиции в недвижимость, я отвожу на детальное исследование пять лет. Так, когда мне захотелось освоить процесс выбора и покупки акций, я посвятил изучению данного процесса пять лет.

Многие люди, всего один раз вложив деньги в акции и потеряв на этом некую сумму, сразу же отказываются от инвестирования. Они сдаются после первой же ошибки, а значит, ничему не учатся. Но ведь неудача — это составная часть будущих побед. Только неудачники считают, что победители никогда не проигрывают и что ошибок надо избегать любой ценой. А ведь ошибки предоставляют вам прекрасную возможность для усвоения важных уроков.

Сегодня я по-прежнему отвожу пять лет на то, чтобы совершить как можно больше ошибок, — ведь я знаю, что чем больше уроков я из них извлеку, тем больше знаний приобрету. Если за эти пять лет у меня не будет ошибок, я окажусь ничуть не умнее, чем пять лет назад, хотя и стану на пять лет старше.

Чтобы разучиться, тоже надо время

Сколько бы знаний о новом бизнесе вы ни усвоили, не исключено, что вам придется приложить дополнительные усилия, чтобы *отучиться* от прежних привычек.

Одна из причин, по которым многие не торопятся покидать квадранты Р и С, заключается в том, что они чувствуют себя там вполне комфортно. И дело не в том, что жизнь в этих секторах действительно так хороша. Ведь вас по максимуму облагают налогами, вы не имеете права распоряжаться своим временем, вынуждены работать с людьми, которых не переносите... Можно перечислить еще массу неприятных моментов, но у людей возникает *ощущение* спокойствия, потому что они слишком долго прожили в этих квадрантах и не знают ничего другого.

Все меняется, когда вы вступаете в мир сетевого маркетинга. Опыт, приобретенный за годы работы по найму или в рамках малого бизнеса, зачастую оказывается не столь уж полезным в новых условиях. Лимитированное рабочее время, определенная сумма зарплаты, иерархическая структура руководства, четко обозначенные должностные обязанности, известная клиентура, неизменная территория, на которой вы работаете, — всего этого в новом для вас направлении бизнеса попросту не существует.

Как уже было сказано, если раньше вы работали в сфере торговли, вам придется забыть многие из своих умений и навыков, поскольку в сетевом маркетинге значение имеет не то, что умеете делать вы сами, а то, что из ваших действий смогут *воспроизвести* другие участники сети.

Если у вас есть опыт руководящей работы, вам тоже предстоит от многого отучиться, потому что в сетевом маркетинге вы не нанимаете себе работников и не даете им указаний. Это совершенно другой вид бизнеса XXI века, и, чтобы в нем преуспеть, надо оставить за бортом некоторые прежние привычки.

Таким образом, следует уделять время не только усвоению нового, но и избавлению от старого. Для многих людей переход в квадранты Б и И представляет собой особую сложность именно из-за того, что необходимо распрощаться со старыми взглядами и представлениями. Когда вы забудете то, что знали раньше, изменения начнут происходить быстрее и легче.

Главное — действовать

Вы можете строить любые планы, усваивать новые знания и умения, но успеха в сетевом маркетинге добиваются только люди, предпринимающие какие-то действия — сегодня, завтра и каждый день.

Глава 20

ЖИВИТЕ ПОЛНОЙ ЖИЗНЬЮ

Что делает вас богатым? Люди чаще всего отвечают: «Деньги, конечно!» Но они ошибаются. Наличие денег — это еще не признак богатства, потому что их всегда можно потерять. Владение недвижимостью тоже не делает вас богатым, потому что она может упасть в цене (свидетелями чего мы были в последние годы).

Так что же делает вас богатым? *Знания.*

Мои золотые уроки

Прежде чем начать инвестиции в недвижимость, я в молодые годы вкладывал деньги в золото. «Золото — это единственные настоящие деньги, — считал я. — Здесь невозможно ошибиться». Я начал покупать золотые монеты в 1972 году, когда золото стоило около 85 долларов за унцию. Тогда мне было 25 лет. К тому времени, как мне исполнилось 32, за унцию золота давали уже примерно 800 долларов, то есть мои запасы увеличились в цене почти *в 10 раз*. Отличная сделка!

Золотая лихорадка продолжалась, и жадность взяла верх над осторожностью. Ходили слухи, что цена золота вырастет до 2500 долларов за унцию. Скупать этот драгоценный металл начали даже те, кто никогда до этого им не интересовался. Я мог бы продать свои золотые монеты со значительной прибылью, но решил придержать их, надеясь на то, что цена поползет еще выше. Спустя примерно год цена на золото опустилась ниже 500 долларов. В конце концов я продал свою последнюю монету. После этого цена на золото опускалась все ниже и ниже вплоть до 1996 года, пока не достигла 275 долларов.

Богатым вас делают не недвижимость, не золото, не акции, не усердный труд и не деньги, а то, что вы знаете о недвижимости, золоте, акциях, труде и деньгах. Короче говоря, богатство вам принесут только финансовые знания.

Мне не удалось много заработать на золоте, но зато я получил бесценный урок. Увидев, что на драгоценных металлах можно не только не заработать, но и потерять деньги, я понял, что подлинную ценность имеет не материальный актив сам по себе, а *информация* о нем, которая в конечном счете и определяет, будет ли человек богатым.

Богатым вас делают не недвижимость, не золото, не акции, не усердный труд и не деньги, а то, что вы *знаете* о недвижимости, золоте, акциях, труде и деньгах.

Короче говоря, богатство вам принесут только *финансовые знания.*

Финансовое просвещение имеет мало общего с традиционным образованием, которое мы получаем в учебных заведениях. Вы можете быть гением в учебе, но полным невеждой, когда речь заходит о деньгах.

1. Умение зарабатывать деньги

Чем больше денег вы зарабатываете, тем выше ваш финансовый интеллект. Человек, зарабатывающий миллион долларов в год, обладает более высоким финансовым IQ, чем тот, годовой доход у которого составляет 30 тысяч.

2. Умение защищать деньги

Весь мир нацелен на то, чтобы забрать ваши деньги, и я говорю здесь не только о Берни Мейдоффе. К числу самых алчных финансовых хищников относится правительство, которое лишает вас денег на законных основаниях.

Возьмем для примера двух людей, каждый из которых зарабатывает по миллиону долларов в год. Если один из них платит 20 процентов налогов, а второй — 35, то у первого финансовый IQ выше.

3. Умение распоряжаться деньгами

У многих людей заработанные деньги не задерживаются в карманах. Причина в том, что они подходят к своему бюджету как бедняки, а не как богачи. Для составления бюджета тоже требуется финансовый интеллект.

Возьмем опять же двух людей: А зарабатывает 120 тысяч долларов в год, а Б — только 60 тысяч. У кого финансовый интеллект выше? Вы считаете, что у А? Не торопитесь. Предположим, А тратит все 120 тысяч долларов в год и по итогам остается с нулем, а Б, зарабатывающий 60 тысяч, умело подходит к составлению бюджета и тратит всего 50 тысяч. Располагая знаниями о квадрантах Б и И, он вкладывает оставшиеся 10 тысяч в дело. Кто в итоге окажется богаче?

Если вы не умеете распоряжаться деньгами, то вас не спасет никакая заработанная сумма. Если же бюджет составлен грамотно и вы мыслите как представитель секторов Б и И, то вас ждет богатство и, что более важно, свобода.

Умение хорошо жить и при этом инвестировать пусть даже незначительные сэкономленные средства свидетельствует о высоком финансовом интеллекте. Вы должны всегда стремиться к тому, чтобы в итоге у вас оставался излишек свободных денег.

4. Умение заставить деньги работать на вас

Составив бюджет таким образом, что у вас образуется излишек денег, вы должны решить очередную финансовую задачу — вложить эти деньги в дело. Доходность инвестиций — это еще один из критериев финансового интеллекта. Человек, у которого рентабельность вложений составляет 50 процентов, имеет более высокий финансовый IQ, чем тот, у кого вложенные деньги дают всего 5 процентов прибыли. А если у первого доходы вдобавок освобождены от налогообложения, а второй платит 35 процентов налогов, то финансовый интеллект первого гораздо выше!

Большинство людей предпочитают помещать сэкономленные средства на депозит в банке или вкладывать в инвестиционные фонды в надежде на какие-то проценты. Но есть и куда более эффективные способы заставить деньги работать на себя. Чтобы отнести их в банк или инвестиционный фонд, высокого финансового интеллекта не требуется. Именно поэтому доходность таких вложений в историческом плане всегда была весьма низкой.

Прекрасная жизнь

Цель занятий сетевым маркетингом заключается не просто в зарабатывании денег, а в получении умений и финансовых знаний, которые позволят использовать дополнительные средства для создания подлинного богатства.

Но даже это не является конечной целью. Богатство должно служить для того, чтобы вести хорошую жизнь.

Наблюдая за людьми в различных ситуациях, я выявил три образа жизни. За ними стоят три эмоции, и они тесно связаны с тремя разными финансовыми состояниями.

Жизнь, полная страха

Я знаю, что такое банкротство. Я уже рассказывал вам, как в 1985 году, который был одним из самых неудачных периодов в моей жизни, мы с Ким оказались в таком удручающем финансовом положении, что остались без жилья и вынуждены были ночевать в подержанном автомобиле. Страх, который мы испытывали в то время, был настолько сильным, что буквально парализовал нас.

Мне хорошо известно это чувство. То же самое я испытывал в детстве, когда рос в семье, почти постоянно находившейся на грани финансового краха. Темная туча нехватки денег нависала над нашим домом на протяжении всего моего детства. Ужасно осознавать, что на жизнь может не хватить денег, но дело даже не в деньгах. От этого страдает уверенность в себе и понижается самооценка, что сказывается на всех других аспектах жизни.

Жизнь, полная раздражения и недовольства

Для этого образа жизни характерны такие эмоции, как раздражение и недовольство из-за того, что надо вставать и идти на работу, особенно если вам в данный момент хочется заниматься чем-то другим. Подобные чувства может испытывать даже человек, которому нравится его работа и который хорошо зарабатывает. Он злится из-за того, что не может позволить себе не работать. Отсюда недовольство и разочарование. Он прекрасно знает, что если не будет работать, то мир, в котором он живет, рухнет.

Для таких людей характерны следующие высказывания: «Я не могу позволить себе уволиться, потому что банк тогда заберет все, что у меня есть», «Скорее бы отпуск» или «До пенсии осталось всего 10 лет».

Жизнь, полная радости, покоя и удовольствия

При этом образе жизни у вас в душе царит покой, так как вы знаете, что независимо от того, будете ли вы трудиться, деньги на ваш счет все равно будут поступать в изобилии. С этим чувством мы с Ким живем уже с 1994 года, когда продали свой бизнес и больше не испытывали необходимости работать. Ким тогда было 37 лет, а мне — 47. Сегодня, спустя годы, мы все же продолжаем работать, причем очень активно. Почему? Потому что нам это нравится.

Однако очень приятно осознавать, что мы можем позволить себе не работать до самой смерти и денег у нас от этого не убавится. Это прекрасное чувство, помогающее нам заниматься тем, что мы действительно любим.

Мы проводим много времени вместе, и, независимо от того, чем мы занимаемся — играем в гольф, путешествуем по миру или проводим совещания в офисе, — все это представляется нам игрой, порождающей все новые мечты. Сегодня мы ведем такую жизнь, о которой всегда мечтали, и радуемся каждому ее мгновению.

Муравьи, стрекозы и люди

Я уже ссылался ранее на басню «Стрекоза и Муравей». Нам с детства внушают, что есть только два образа жизни: либо мы уподобляемся скромному, трудолюбивому, экономному муравью и откладываем каждую копейку на черный день, либо ведем себя как безответственная и расточительная стрекоза: танцуем и поем целые дни напролет, не думая о будущем.

В определенном смысле это представление приносит больше вреда, чем пользы. Конечно, хорошо быть ответственным, экономным и заботиться о своем будущем. Но вы только взгляните, как живут муравьи! Вы действительно хотите быть рядовым членом гигантского муравейника, работающим все дни напролет до самой смерти?

Давайте взглянем правде в глаза: мы не муравьи и не стрекозы. Мы люди, и с нашей стороны было бы глупо придерживаться образа жизни одного из этих персонажей.

Если вы усвоите принципы создания богатства, научитесь с умом распоряжаться своими деньгами и временем, то ваша жизнь будет наполнена радостными событиями, о которых вы и не мечтали.

Глава 21

БИЗНЕС XXI ВЕКА

Я с большим уважением отношусь к сетевому маркетингу, потому что данный вид бизнеса действительно предоставляет равные возможности всем участникам. В число более чем 60 миллионов человек, занимающихся этим бизнесом во всем мире, входят люди всех рас и вероисповеданий, имеющие самый разный возраст, образование, опыт и умения.

Это делает сетевой маркетинг бизнесом будущего. В XXI веке мы начинаем понимать лучше, чем когда-либо, что для того, чтобы стать богатым, вовсе не обязательно у кого-то что-то отнимать. Будущее подлинного богатства заключается в том, чтобы найти способы ведения бизнеса, обеспечивающие повышение финансового благосостояния всего человечества.

Таковы мои личные принципы, и они в полной мере находят свое выражение в сетевом маркетинге. Следование им не только соответствует нормам морали, но и приносит неплохой доход.

Демократичное обогащение

Одна из главных причин, заставляющих меня тратить столько энергии на поддержку и рекламу сетевого маркетинга, заключается в том, что его системы генерирования богатства являются более справедливыми, чем все предыдущие.

Сетевой маркетинг имеет своей целью дать возможность каждому человеку обрести благосостояние, причем очень демократичным путем. Система открыта для каждого, кто имеет желание, целеустремленность и настойчивость. В сетевом маркетинге никого не интересует, какой колледж вы окончили и учились ли вообще. Там никто не спрашивает, сколько денег вы зарабатываете в данный момент, и не обращает внимания на вашу расу, пол, внешний вид, положение ваших родителей и т. п. Большинство компаний сетевого маркетинга заботятся главным образом о том, готовы ли вы учиться, развиваться, расти и хватит ли у вас упорства.

Сетевой маркетинг представляет собой больше чем просто хорошую идею. Это модель бизнеса будущего. Почему? Потому что человечество наконец-то начинает осознавать, что индустриальная эра ушла в прошлое.

Сетевой маркетинг по своей природе и структуре представляет собой на удивление демократичную и социально ответственную систему создания богатства.

Мир уже не такой надежный и стабильный, как раньше, и появление в нем сетевого маркетинга стало новым двигателем человеческой предприимчивости. Сетевой маркетинг дает миллионам людей во всем мире возможность самим распоряжаться своей жизнью и финансовым будущим. Именно поэтому данное направление бизнеса продолжает развиваться, даже если консерваторы по-прежнему делают вид, что не замечают его.

Я ожидаю, что в ближайшие годы будет происходить взрывное развитие ведущих компаний сетевого маркетинга в направлении повышения доли своего присутствия на рынке и проникновения в новые отрасли бизнеса.

Выше я писал, что Томас Эдисон разбогател не благодаря усовершенствованию электрической лампочки, а в результате создания инфраструктуры, которая делала возможным ее практическое использование. У Эдисона был молодой работник по имени Генри, который пошел по этому же пути, взяв за основу другое изобретение, которое, как казалось тогда многим, не будет иметь никакого практического применения.

Подобно Эдисону, который не был изобретателем лампы накаливания, Генри Форд тоже не изобретал автомобиль, но произвел настоящий переворот в автомобилестроении, навсегда изменил судьбу этого изобретения, а заодно и миллионов людей. В начале прошлого века автомобиль считался любопытной игрушкой богачей. Действительно, он стоил тогда очень дорого, и лишь богатые люди могли позволить себе купить его. Идея же Форда состояла в том, чтобы сделать автомобиль доступным *для каждого*.

Сократив производственные расходы и приспособив конвейер для массового производства стандартных недорогих машин, Форд стал крупнейшим производителем автомобилей в мире. Он не только сделал автомобиль доступным средством передвижения, но и платил своим работникам самые высокие зарплаты в отрасли и даже предлагал им долевое участие в компании. На оплату персонала у него уходило свыше 30 миллионов долларов в год, а в начале 1900-х годов эта сумма была намного значительнее, чем сейчас!

Демократизацию автомобиля Форд считал своей миссией, и в ходе ее выполнения он стал очень богатым человеком.

Сетевой маркетинг — революционная форма бизнеса. Впервые в истории каждый без исключения может получить свою долю богатства, которое до сих пор было уделом немногих избранных.

Конечно, в семье не без урода. В этом бизнесе тоже встречаются всякие проныры, жулики и другие нечестные люди, пытающиеся быстро сорвать куш, но по своей природе и структуре сетевой маркетинг представляет собой на удивление демократичную и социально ответственную систему создания богатства.

Что бы там ни утверждали разные проходимцы, сетевой маркетинг — это не место для алчных людей. Более того, единственный способ разбогатеть в этом бизнесе заключается в том, чтобы помочь разбогатеть другим. На мой взгляд, это настоящая революция в бизнесе, подобная той, которую произвели в свое время Томас Эдисон и Генри Форд. Сетевой маркетинг — отличный бизнес для тех, кто любит помогать окружающим.

Я не считаю, что жадность — это обязательно плохо. В небольших дозах жадность и эгоизм даже полезны в бизнесе. Но когда тяга к личному обогащению выходит за пределы разумного и начинает реализовываться за счет окружающих, это отвратительно. Я уверен, что большинству людей изначально свойственна щедрость и что наивысшее удовлетворение от своих достижений мы получаем, когда они помогают улучшить жизнь окружающих.

Сетевой маркетинг удовлетворяет внутреннюю потребность в альтруизме, указывая путь к личному успеху, богатству и финансовой свободе, пролегающий через помощь другим людям.

Конечно, есть возможность разбогатеть за счет подлости и жадности. Но ведь вы можете обрести богатство, проявляя доброту и щедрость к окружающим. Если вы изберете последний способ, он будет гораздо лучше соответствовать основным принципам и ценностям, живущим в вашей душе.

Экономический фундамент мирной жизни

Я был боевым пилотом во Вьетнаме и не понаслышке знаю, что такое война. Мне также хорошо известно, что одной из главных причин подобных бедствий является неравенство между людьми. До тех пор пока пропасть между богатыми и бедными будет расширяться, нам будет трудно создать условия для мира. Мы можем проводить марши в его защиту, произносить страстные речи, создавать комитеты по изучению проблем мира, но избавиться от условий, порождающих войны, можно лишь в том случае, если мы предоставим больше экономических возможностей многим миллионам людей.

Какой бы грандиозной ни представлялась эта задача, она может быть решена с помощью сетевого маркетинга.

Сегодня многие компании сетевого маркетинга способствуют созданию условий для мирной жизни во всем мире, предоставляя людям возможность улучшить свое экономическое положение. Сетевой маркетинг процветает не только в столицах ведущих держав, но и в большинстве развивающихся стран, неся надежду на финансовую свободу миллионам живущих в бедности людей. Большинство корпораций, придерживающихся традиционных моделей бизнеса, смогут выжить только при условии, что люди будут достаточно обеспеченными, чтобы покупать их продукцию.

Настало время, когда люди во всем мире должны иметь равные возможности для обеспеченной жизни, а не тратить все свои силы на то, чтобы делать богатых еще богаче.

Я хочу, чтобы у вас тоже появилась такая возможность.

Добро пожаловать в XXI век!

РОБЕРТ КИЙОСАКИ

Инвестор, предприниматель, пропагандист финансового просвещения и автор бестселлеров

Роберт Кийосаки является автором лучшей книги о бизнесе всех времен «Богатый папа, бедный папа», которая изменила представление о деньгах у десятков миллионов человек. Долгое время она входила в список бестселлеров «New York Times», «Business Week», «Wall Street Journal» и «USA Today» и в течение двух лет подряд признавалась книгой года в разделе финансовой литературы. По продолжительности пребывания в списках бестселлеров книга «Богатый папа, бедный папа» занимает третье место в истории.

Своими взглядами на деньги и инвестирование, которые зачастую противоречат общепринятым представлениям, Роберт завоевал себе репутацию прямого, смелого и не признающего авторитетов человека. Он бросает вызов устоявшемуся положению вещей, заявляя, что традиционные рекомендации (найти хорошую работу, экономить, избавляться от долгов и вкладывать деньги на долгосрочную перспективу в диверсифицированный портфель ценных бумаг, состоящий из акций, облигаций и паев инвестиционных фондов) являются устаревшими и вредными. Его утверждение, что личное жилье не является активом, вызвало в свое время бурю критики, но впоследствии многие домовладельцы на собственном горьком опыте убедились в его правоте.

Четыре другие книги Роберта из серии «Богатый Папа» также входили в десятку бестселлеров с 2001 по 2008 год.

Они переведены на 51 язык, продаются в 109 странах и возглавляли списки бестселлеров в Азии, Австралии, Южной Америке, Мексике и Европе. Общий тираж книг этой серии составил 28 миллионов экземпляров.

В 2005 году имя Роберта было внесено в Зал славы компании «Amazon.com» как одного из 25 авторов, чьи книги изданы самым большим совокупным тиражом. В настоящее время серия «Богатый Папа» насчитывает 27 книг. Среди них следует отметить «Почему мы хотим, чтобы вы были богаты», написанную в соавторстве с Дональдом Трампом. В 2006 году она заняла первое место в списке бестселлеров «New York Times». В 2011 году Роберт и Дональд издали вторую совместную книгу «Дар Мидаса».

К числу последних книг Роберта принадлежат «Инвестиции в недвижимость», где ветераны рынка недвижимости дают ему рекомендации, изложенные в виде реальных историй, и «Заговор богатых», которая создавалась в режиме интерактивного общения с читателями через интернет. Уже в ходе написания книга вызвала небывалый читательский интерес и впоследствии заняла пятую строчку в рейтинге «New York Times».

Роберт был гостем популярных телевизионных шоу Ларри Кинга и Опры Уинфри. Журнал «Time» публиковал его ответы в рубрике «10 вопросов», куда приглашают самых знаменитых людей, таких как режиссер Спайк Ли или актер Майкл Фокс.

Роберт ведет рубрику «Почему богатые становятся все богаче» на сайте Yahoo! Finance, а также ежемесячную рубрику «Возвращение богатства» в журнале «Entrepreneur».

ДЖОН ФЛЕМИНГ

Джон Флеминг родился и вырос в Ричмонде, штат Виргиния. Его интерес к архитектуре и желание посвятить себя этой профессии объясняются семейными традициями: строительством занимался еще его прапрапрадед. Свой природный талант он развил в Иллинойсском технологическом институте, известном своей приверженностью творческим принципам Миса ван дер Роэ — одного из крупнейших архитекторов современности.

После окончания учебы Джон работал под руководством этого великого архитектора, и ему было доверено выполнение многих иллюстраций к книге «Мис ван дер Роэ. Искусство структуры», посвященной мастеру.

Глубокие познания в архитектуре и интерес к ней привели Джона Флеминга к пониманию того, что принципы дизайна и строительства могут быть применены к любой области жизни. Так зародилась его страстная уверенность в том, что, следуя концепциям конструирования, самые обычные люди могут совершать необычные вещи. Именно эта уверенность привела его от архитектуры к сетевому маркетингу.

Решение Джона посвятить себя прямым продажам было подкреплено знанием того, что уже более 100 лет эта сфера бизнеса опирается на самых разных людей независимо от наличия у них опыта. Он считал, что готовность к усвоению базовых принципов продажи товаров и оказания услуг даст людям возможность стать участниками американской системы свободного предпринимательства. На протяжении 40 лет Джон проверял различные концепции этой теории не только на себе, но и на тысячах других людей, которые хотели стать архитекторами собственных судеб.

Джон Флеминг построил успешную карьеру как предприниматель, консультант, автор книг и лектор. Он основывал компании сетевого маркетинга и управлял ими, выступал в роли независимого подрядчика, а также занимал руководящие должности в некоторых ведущих компаниях, в том числе 15 лет в «Avon». За это время ему удалось на протяжении шести лет подряд демонстрировать невиданные показатели роста объема продаж. В 2005 году он ушел из этой компании на пенсию.

Джон долгое время работал с Ассоциацией прямых продаж и Образовательным фондом прямых продаж. В настоящее время он входит в совет директоров обеих организаций. В 1997 году Образовательный фонд прямых продаж отметил его заслуги своей высшей наградой.

В последние несколько лет Джон продолжал создавать организационные просветительские структуры для оказания консультативной помощи в бизнесе и жизни. В 2006 году он взял на себя обязанности издателя и главного редактора журнала «Direct Selling News» (directsellingnews.com), освещающего события на рынке прямых продаж и сетевого маркетинга. Там он делится своими знаниями и опытом с лидерами отрасли.

С 2008 года Джон является исполнительным директором фонда SUCCESS (www.SUCCESSFoundation.org) — некоммерческой организации, которая ставит перед собой задачу помочь подросткам в полном раскрытии своего потенциала и способностей. Перу Джона принадлежит книга «Один курс» («The One Course»), в которой он делится советами, рекомендациями, позволяющими вести успешную жизнь, основываясь на принципах архитектуры.

КИМ КИЙОСАКИ

Ким является страстной сторонницей финансового просвещения и охотно делится с окружающими накопленным в течение жизни опытом ведения бизнеса и инвестирования в недвижимость. Ее не раз приглашали для участия в таких телепередачах, как шоу Ларри Кинга, «FOX News» и «Смелые сердца». Ким ведет телепрограмму «Богатая женщина» на канале PBS и собственную рубрику на сайте WomanEntrepreneur.com.

Ким — миллионерша, добившаяся всего собственными силами. Будучи в счастливом браке, она, тем не менее, сохраняет полную финансовую независимость. Ее первая книга «Богатая женщина» вошла в список бестселлеров «Business Week» с самого момента выхода в свет. Книга успешно продается по всему миру, в частности в Мексике, Южной Африке, Индии, Австралии, Новой Зеландии и Европе. В 2009 году Дональд Трамп писал: «Эта книга должна стать настольной для каждой женщины. Сегодня представительницам прекрасного пола как никогда требуется финансовая грамотность».

Использованные в книге статистические данные о финансовом положении женщин заставляют задуматься. После выхода книги в свет Ким создала интерактивное онлайн-сообщество www.richwoman.com, где женщины могут получить необходимые знания и консультации.

Ким Кийосаки и ее мужу Роберту Кийосаки не понаслышке известно, что такое кризисная финансовая ситуация, с которой сегодня столкнулись многие американцы. В 80-е годы у них не было ни жилья, ни работы, а на плечах висел долг в размере 400 тысяч долларов. В это непростое время они разработали программу из 20 шагов, следуя которой им удалось ликвидировать задолженность. Данной программой они поделились с окружающими в аудиоброшюре «Как мы выбрались из долгов», которая приобрела большую популярность. Сегодня они оба преуспевающие предприниматели и авторы популярных книг.

Кроме того, в 1996 году Роберт и Ким Кийосаки создали настольную игру «Денежный поток», цель которой — обучить финансовым и инвестиционным стратегиям богатого папы. Эти стратегии позволили супругам уже в молодом возрасте отойти от дел. Сегодня в мире действуют тысячи клубов «Денежный поток».

В 1997 году Ким и Роберт основали компанию «Rich Dad», основной задачей которой является распространение финансовых знаний посредством книг, игр и других учебных материалов.

«Очень часто женщины, особенно в пожилом возрасте, оказываются в удручающем материальном положении в результате развода, смерти супруга или просто из-за того, что не уделяли внимания финансовому планированию. Проблема в том, что многие из нас не получили в свое время знаний о деньгах и инвестировании. Финансовое просвещение не должно ограничиваться покупкой автомобильной страховки и экономией на скидках в продуктовом магазине. Я думаю, что мы, женщины, значительно умнее. Нам необходимо взять финансы под собственный контроль, а не надеяться на то, что кто-то позаботится о нашем финансовом будущем».

ОГЛАВЛЕНИЕ